はじめての
ウニヒピリ

Thank you.
I'm sorry.
Please forgive me.
I love you.

宝島社

はじめに

この宇宙のあらゆる情報を蓄えて、
寝ないで、いつでも、あなたを表現している部分。
あなたが隠し事のできない唯一の相手。
とてもとても大切な存在。
それは、あなたの潜在意識、内なる子ども、「ウニヒピリ」です。

今日、いま、この瞬間、あなたは何を感じていますか？
孤独、喜び、期待、楽しさ、怒り、疲れ、
このどれもが、実はあなたのウニヒピリが絶え間なく再生している記憶です。

この記憶を手放し、消去する方法は唯一、あなたがウニヒピリをケアし、
愛を渡すこと。これはあなたが自分の魂を

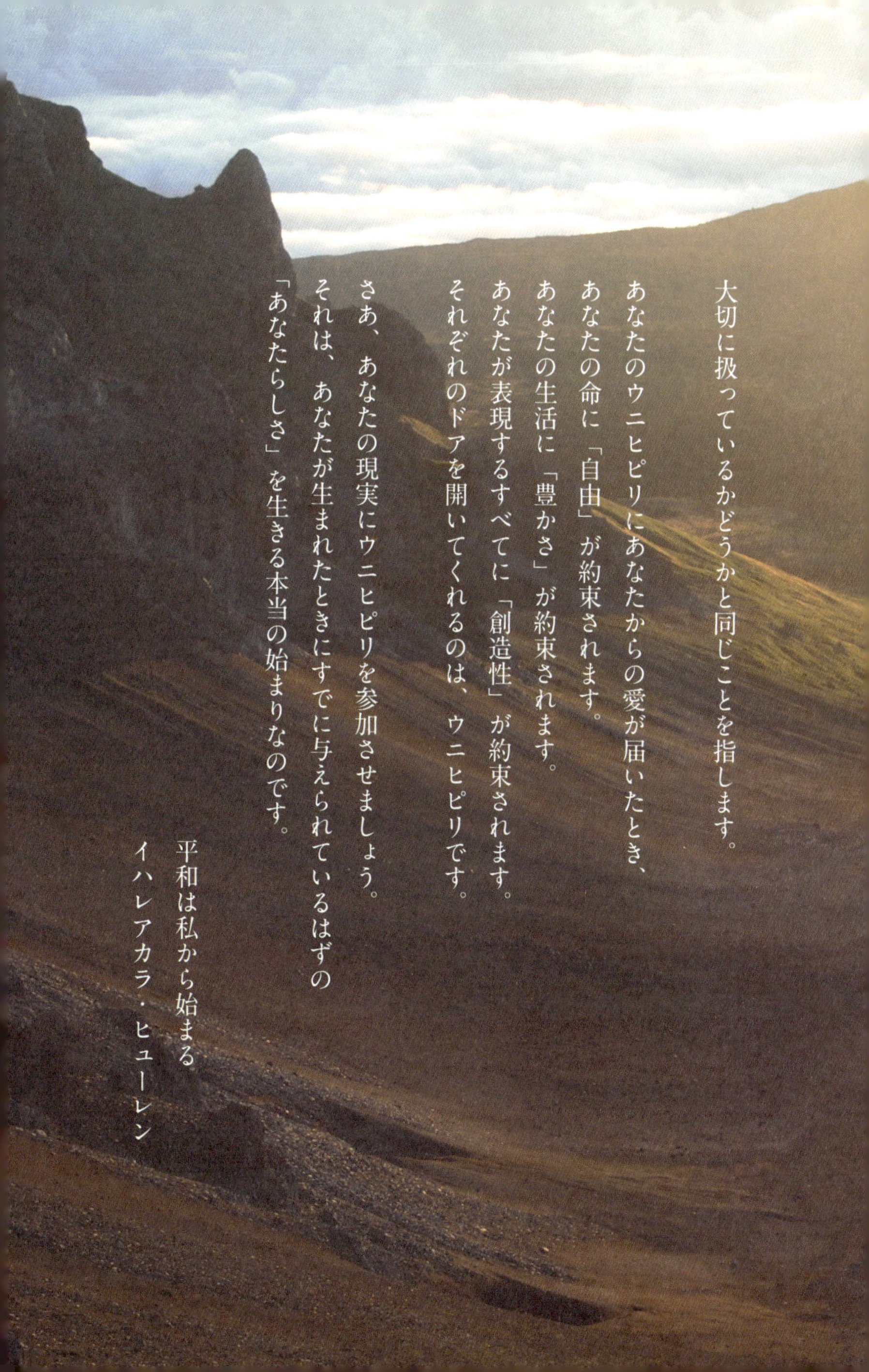

大切に扱っているかどうかと同じことを指します。

あなたのウニヒピリにあなたからの愛が届いたとき、
あなたの命に「自由」が約束されます。
あなたの生活に「豊かさ」が約束されます。
あなたが表現するすべてに「創造性」が約束されます。
それぞれのドアを開いてくれるのは、ウニヒピリです。

さあ、あなたの現実にウニヒピリを参加させましょう。
それは、あなたが生まれたときにすでに与えられているはずの
「あなたらしさ」を生きる本当の始まりなのです。

平和は私から始まる
イハレアカラ・ヒューレン

ウニピリと仲良くなると
わかること

画　ウィスット・ポンニミット
（タムくん）

気がついた、ずっとわたしのことを見守っていてくれた君

君はウニヒピリ
ウニヒピリって名前がついてるけど
もう一人の〝わたし〞
わたしの中にいる、本当の〝わたし〞

ウニヒピリ
君と仲良くしてると
いつもリラックスできる

最適なタイミングで物事が進む
何かが起こる前にお知らせがくる
本当に必要なものがやってくる

自分の新しい才能に気づいたり
得意なことが増えたり
みんなともっと仲良くなれて
毎日がとっても新鮮！

だから
君といるわたしは平和
君といるときのわたしが好き

ウニヒピリ
君に気づかなかった頃の、わたし
目の前に次々あらわれる問題
悲しかったり、つらかったり、頭にくるようなこと……
それは、気づいてもらえなかった
君の苦しみそのものだったってこと
すべては君が見せてくれた記憶
そして、君の苦しみは、わたしの記憶だっていうこと

苦しい感情をお掃除する方法を教えてもらったよ

ありがとう
ごめんなさい
ゆるしてください
愛しています

4つの言葉でクリーニングすると
君とわたしはとっても仲良しになる！

クリーニングに出会えたのも、君のおかげ
ありがとう

ウニヒピリ
君は姿を見せることもあれば、見せないこともある
おしゃべりすることもあれば、しないこともある
でも、そんなことは大きな問題じゃない

わたしはいつも自然体
流れに任せているだけで安心
それが君と一緒にいる証拠

わたしの人生でいちばんラッキーなのは
〝わたしが、君〟だってこと
それは「わたしが、わたしである」ということだから！

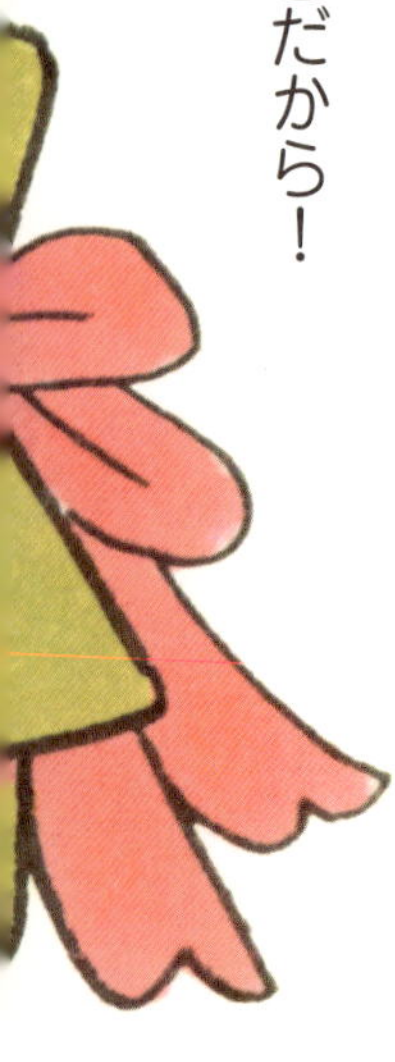

わたしが
わたしらしくあればあるほど
幸せにつながっていくんだね

誰の中にも、君はいる
だってウニヒピリは、もう一人の自分

自分を探すのって、そもそもヘンなことだよね
いつも一緒にいるんだから

すべては自分の中にあるってこと
さびしくなっても
あなたの中にいる本当の自分が待ってるからね

もくじ

CHAPTER 2

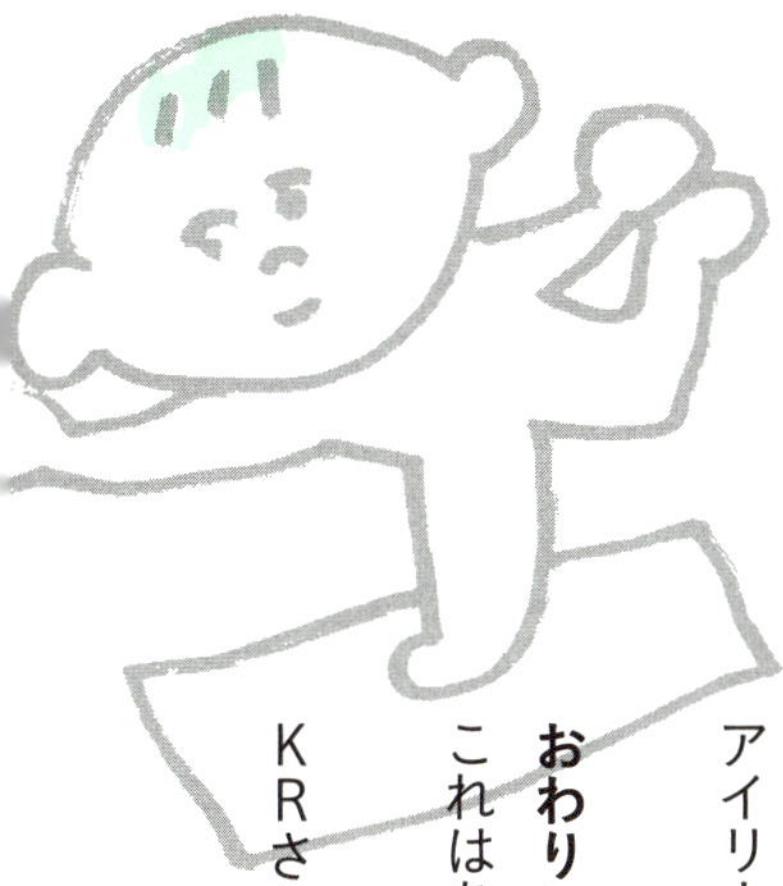

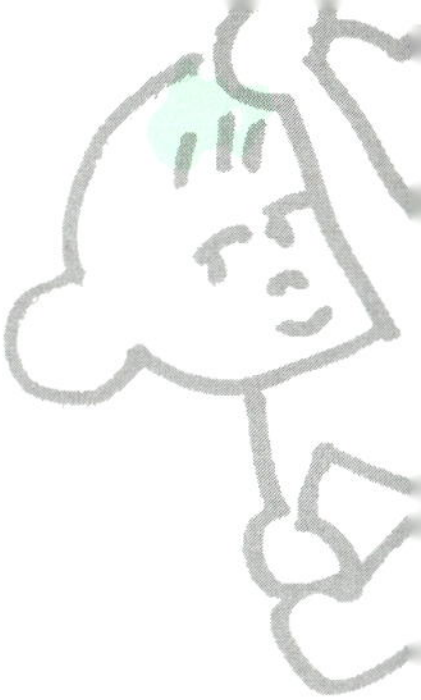

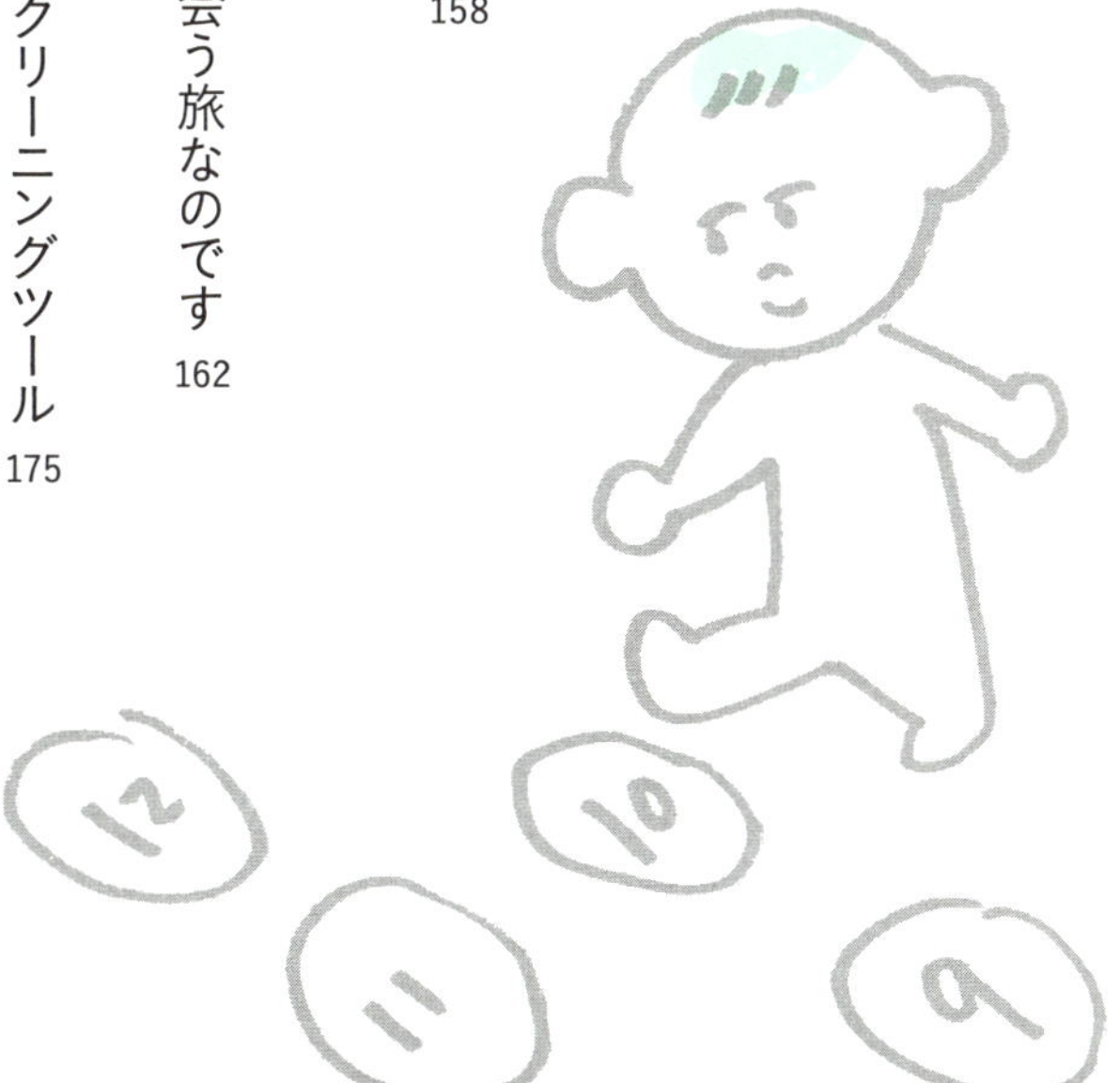

12
10
11
9

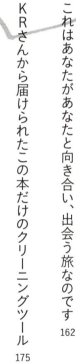

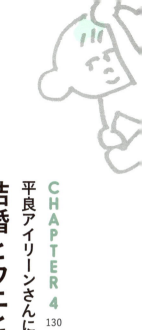

CHAPTER 1

ウニヒピリを生んだ ホ・オポノポノについて

この本を手にしてくれたあなたは、
「ウニヒピリ」という言葉をはじめて聞いたかもしれませんし、
すでにご存じかもしれません。
ウニヒピリは、ハワイに伝わる問題解決法
「ホ・オポノポノ」に欠かせない、とっても大切な存在。
本章では、ウニヒピリをきちんと理解するために
ホ・オポノポノについて説明していきましょう。

ホ・オポノポノはシンプルな問題解決法！

ホ・オポノポノを今回はじめて知った方は、ウニヒピリ同様、不思議な響きを持った言葉だなと感じているかもしれません。

そのルーツは古来ハワイの先住民の間で伝わっていた問題解決法にあります。

伝統的で複雑だった問題解決法を誰でもできるシンプルなメソッドへと導いたのは、ハワイのダイヤモンドヘッドのふもとに住んでいたモーナ・ナラマク・シメオナ女史（1913〜1992）という人でした。

モーナ女史は、ネイティブ・ハワイアンの伝統的な高度医療の専門家で、「クリーニング」をすることで、あなたに起こっている問題や悩みの根本を解決するという簡単、かつ効果的な方法を編み出しました。〝クリーニング〟とは、クリーニングツール（P70〜75）を使って、あなたに起こるさまざまな問題や悩みを浄化する方法です。

この、モーナ女史が作ったホ・オポノポノのメソッドは、「セルフアイデンティティスルー　ホ・オポノポノ（SITH）」といい、本書の軸となっています。

3つの意識の集合＝一人の私

ホ・オポノポノでは、ふだん一人だと思っている自分は、実は3つの意識の集合体だと考えます。ウハネ（表面意識）、アウマクア（超意識）、ウニヒピリ（潜在意識）です（図・P34〜35）。

ウハネは、朝起きてから夜眠るまで、いつも私たちが自覚している意識のことですから、「ふだんの私」と言ってもよく、私たちはウハネと始終くっついて仲良くしているようなものです。

アウマクアは、超意識といって、ディヴィニティという、とても大きな存在に唯一つながることができます。あなたは、良いアイデアが突然ひらめいたり、ふと何か気になったりするようなことはありませんか？　それは、アウマクアとディヴィニティがつながった瞬間なのです。

そして、ウニヒピリ。ふだんの私たちはウハネと仲良くしていて、ウニヒピリのことにはまったく気づいていません。でも、ウニヒピリは地球の誕生から現在までという、計り知れない量の情報を持っていて、私たちの人生に大きな影響を与えています。

自分の中にいるウニヒピリ

ホ・オポノポノを実践する中で、ウニヒピリはなくてはならない存在であり、ウニヒピリを正しく理解しておくことは、とても大切です。

なぜなら、あなたがウニヒピリとコミュニケーションを深めれば深めるほど、あなたが問題だと思っていたことが問題ではなくなったり、物事がスムーズに進んだり、必要なものが必要なときにちゃんともたらされたり……あなたは、あなた本来の輝きを取り戻し、ラクに生きられる状態へと運ばれていくからです！　そんな毎日になったら、とってもステキですよね。

ウニヒピリは特別な人にだけ存在するものではありません。誰の中にでもウニヒピリはいます。ウニヒピリがわからないという方は、感情そのものがウニヒピリの声だということを知っておくといいでしょう。

それに、なんといってもウニヒピリと仲良くすることは、とても楽しいことでもありますから、それを知らないのは、もったいないことだと思うのです。

ウニヒピリは記憶の図書館

ウニヒピリとは、ホ・オポノポノで、「潜在意識」のことと、お伝えしました。潜在意識とはインナーチャイルドとも定義されますが、従来のインナーチャイルドが意味するところとは、ちょっと違います。

インナーチャイルドといわれるものは、個人の傷ついた経験や、深い悲しみによるトラウマ的な記憶を指すことが多いものです。

しかし、ホ・オポノポノにおいて潜在意識を意味するウニヒピリは、そのような個人の体験の記憶だけを指すのではなく、**この宇宙全体の記憶のすべてが保管されているところ**を指します。

ウニヒピリは、空、海、大地、木々、草花、動物たちといった生命体から、鉄やコンクリート、道路、車、建物、家具、洋服といった無機物までが体験したありとあらゆる記憶が詰まったところ。いわば、記憶の図書館のようなものです。

そして、ウニヒピリはあなたの意識の一つでもありますから、間違いなくいつでも自分の中に存在しています。

あなたにはあなたのウニヒピリがいます。あなたのお父さんにはお父さんのウニヒピリがいます。あなたのお母さんにはお母さんのウニヒピリがいます。あなたのペットにだって、ペットのウニヒピリがいます。そういうふうに、一人ひとりの中に必ずウニヒピリはいるのです。

問題の原因は100%自分の内側にある

追って詳しく説明しますが、**私たちが体験するさまざまな感情は、実は、ウニヒピリが持つ膨大な記憶が再生されたものです。**

今あなたは問題に直面していたり、さみしい思いをしていたり、逆に良いことがあってハッピーだったり、うれしかったりするかもしれませんが、そういったあなたが体験する感情のすべては、ウニヒピリがつかさどっています。

「一難去ってまた一難」ということわざがありますが、そんなふうに次から次へと困ったことが起こったり、いろいろとうまくいかないことがあったりすると、私たちの心はいつもざわついて、落ち着く暇がありませんよね。そういうとき、私たちは何がいけなかったのかと外側に意識を向けて、犯人探しをしがちです。

プロジェクトが失敗したのはあの人のせい、寝坊したのは目覚ましが鳴らなかったせい、お金がないのは不況のせい、会社のせい……などなど。

でも、ホ・オポノポノの考え方では、仕事、恋愛、家庭、お金、人間関係……、どんなことであっても自分の外側に原因があることはありません。

それは何があっても、たとえ自分は悪くないと思う問題に対しても、**すべての原因は100%自分の記憶にある**という考えに基づいているからです。

要するに、自分の潜在意識（ウニヒピリ）の情報が、今目の前にあるすべての問題をつくっているという考え方です。

ゼロの状態＝本当の自分

100％自分が原因だからといって、そこで自分を責めるのは違います。どんな問題が起きたとしても、ウニヒピリの記憶の再生だと受けとめてクリーニングすればいいのです。

ただ、ウニヒピリの持つ記憶は膨大ですから、いつのどの記憶が再生されたのかを、私たちがつきとめることは不可能です。

それよりも、なぜ問題が起こるのかという点に注目してみましょう。それは、あなたにとって今の状態が自然ではないからなのですね。

逆に、自然であるというのは、あなたが心地よく、自分らしく暮らせるような状態です。それは奇跡でもなんでもなく、あなたが本来あるべき自然な姿だとホ・オポノポノでは考えます。

仮に問題が起こったとしても、うろたえたり、ヒステリックになったりすることもなく、ありのままの現状を受け入れて静観できる心境です。**期待も執着もなく、あらゆる価値観から自由で、真に心が平和な状態ともいえます。そのような状態を、ホ・**

オポノポノではゼロと呼んでいます。

クリーニングを続けていくと、私たちの意識は、どんどんゼロの状態に近づいていきます。やがて、問題を問題とは思わなくなるでしょう。

ゼロはどんな物質的な成功や富よりも、あなたに本当の幸せをもたらしてくれます。それこそが、ホ・オポノポノが目指すところです。

ウニヒピリは、あなたをゼロに導き、本当の自分を生きてほしいがために、記憶を再生し、クリーニングをしてもらいたいと、いつも訴えているのです。それを思えば、ウニヒピリはとってもありがたく、慈しむべき存在なのですね。

クリーニングの方法

ゼロに近づくためには、一にも二にもクリーニングすることです。基本的な方法と浄化の流れをごくごく簡単に説明すると、こんな感じです。

あなたはある問題を抱えて重苦しい感情を持っていたとします。

そこで代表的なクリーニングツールである４つの言葉を、その重苦しい感情に向けて唱えてみます。

ありがとう、ごめんなさい、ゆるしてください、愛しています

すると、あなたが問題だと思っていたことは、しかるべきもとのパーフェクトな形に変換されます。

ずいぶんと簡単でしょう？　ホ・オポノポノでは、たとえクリーニングの仕組みがちゃんと理解できていないとしても、ただクリーニングし続けるだけで、あなたはどんどん自由になり、本当の自分を取り戻すとされています。

問題の解消のされ方は、その時々で違うでしょう。難しい問題だと頭を抱えていたのに、すーっと気持ちが軽くなるかもしれませんし、助け舟を出してくれる人があらわれるかもしれないし、その問題が起こったことで、結果的により望ましい状態になるかもしれません。どんな形であれ、本来あるべき自然な方向へと進むようになります。

クリーニングをスタートできるのは、「ふだんの私」であるウハネだけです。ウハネ（表面意識）がクリーニングを始め、ウニヒピリ（潜在意識）にその意思が伝わると、ウハネとウニヒピリが共同で記憶をクリーニングします。最終的にその記憶は、ウニヒピリから、アウマクア（超意識）へとバトンタッチされ、アウマクアがディヴィニティとつながることで、その記憶は完全に浄化され、あなたにインスピレーションがもたらされます。そのディヴィニティのある場所こそが、ゼロです。

クリーニングプロセス

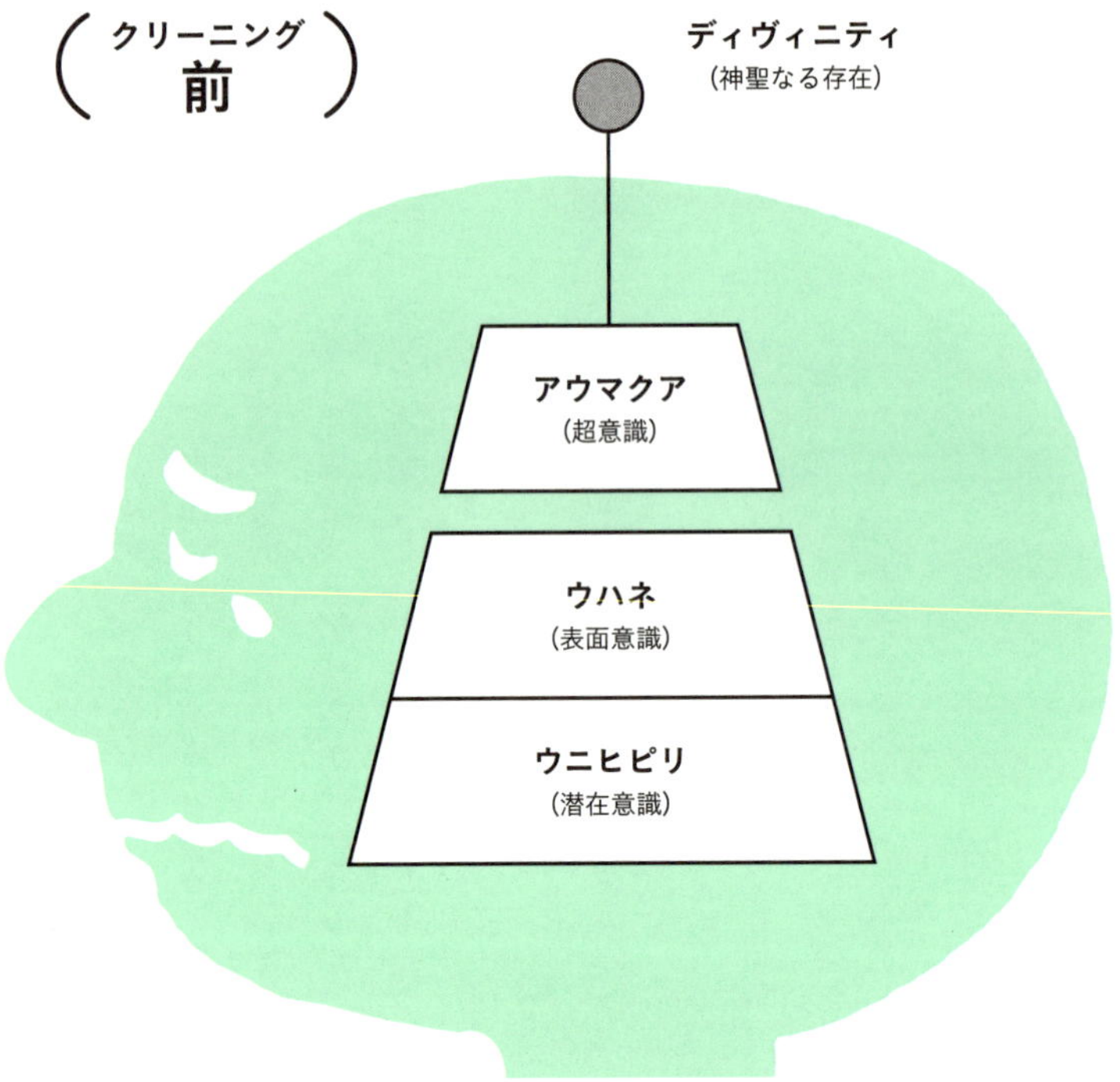

●クリーニング前のあなた

　ウニヒピリはさまざまな記憶を再生し続けることで、あなた（ウハネ＝表面意識）から存在に気づいてもらおうとしています。もしあなたが、問題や悩みに翻弄されているとしたら、それこそ記憶の再生です。この状態では、ウハネとウニヒピリ（潜在意識）は、アウマクア（超意識）とはつながっていませんから、ディヴィニティ（神聖なる存在）からインスピレーションがもたらされることはありません。

1

●クリーニングを始めると……

　ホ・オポノポノを知ったあなた（ウハネ＝表面意識）は、クリーニングを開始。

★3つの意識（セルフ）とディヴィニティがつながった状態が、“本当の自分”です。常にクリーニングを続けることで、あなたは本当の自分を取り戻し、人生は自然な流れへと運ばれます。本来のあなたらしく生きることができるようになるでしょう。

（クリーニング後）

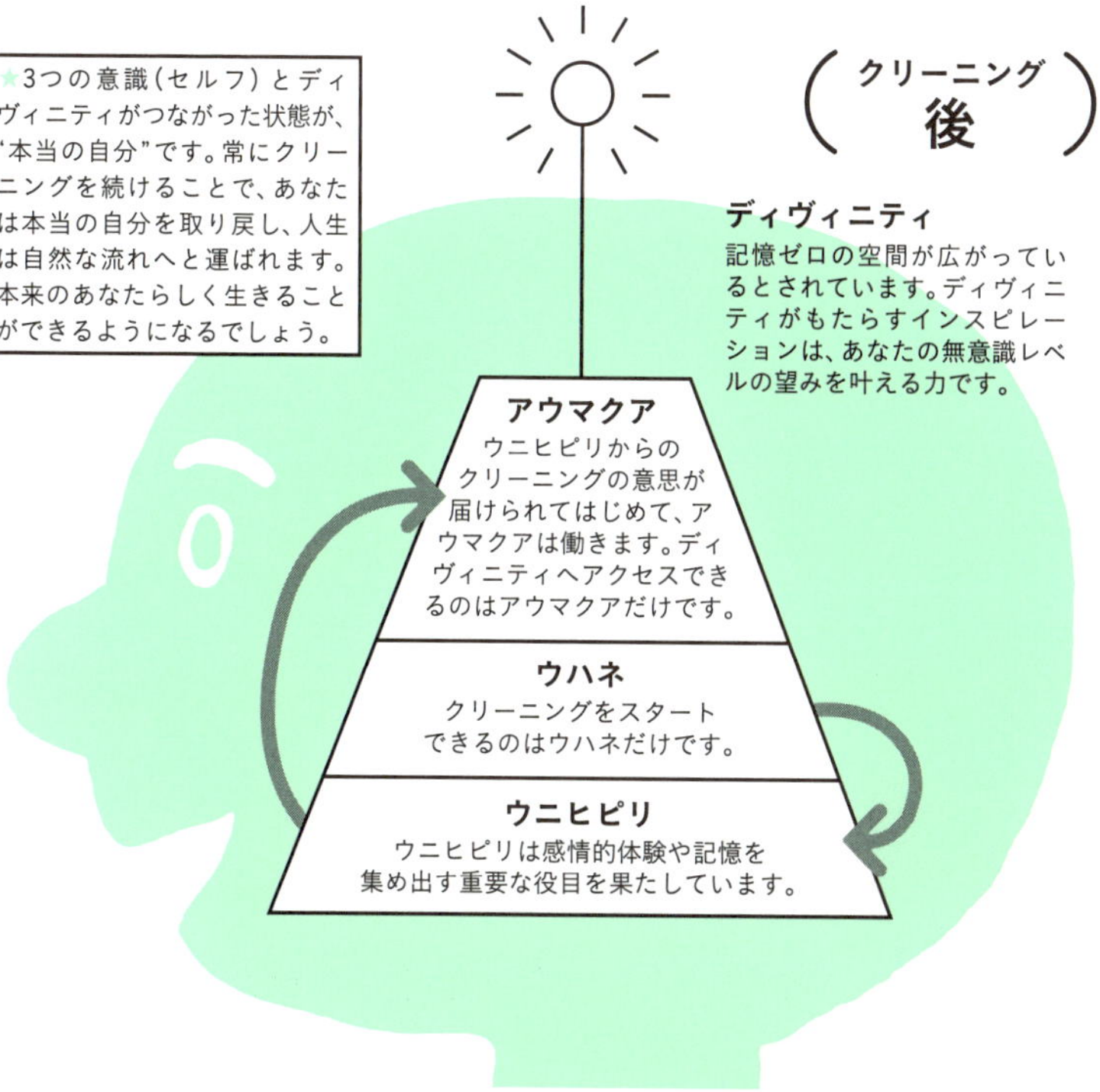
ディヴィニティ
記憶ゼロの空間が広がっているとされています。ディヴィニティがもたらすインスピレーションは、あなたの無意識レベルの望みを叶える力です。
アウマクア
ウニヒピリからのクリーニングの意思が届けられてはじめて、アウマクアは働きます。ディヴィニティへアクセスできるのはアウマクアだけです。
ウハネ
クリーニングをスタートできるのはウハネだけです。
ウニヒピリ
ウニヒピリは感情的体験や記憶を集め出す重要な役目を果たしています。

2 あなたはウニヒピリを尊重し、辛抱強く、コミュニケーションをとるようにしてみます。

3 やがてあなたのウニヒピリは、自らクリーニングに参加するようになります。ウハネとウニヒピリは、共同で記憶の消去をします。

4 ウニヒピリからクリーニングの意思がアウマクアに届くことで、三者がつながり、アウマクアがクリーニングを最終的な形まで導き出します。

5 4の記憶は、アウマクアから最終的にディヴィニティに届いてゼロになり、あなたのもとにインスピレーションがもたらされます。

CHAPTER

2

ウニヒピリケア
きほんのき

ホ・オポノポノにおいて
ウニヒピリが果たす役割がわかっていただけましたか？
さて、ここからは
ウニヒピリと仲良くする実践編です！
ウニヒピリと上手に
コミュニケーションをとる方法を
ステップを踏んで紹介していきましょう。

STEP 1

感情に向けてクリーニングしてみましょう

POINT

●あなたの感情はウニヒピリからのお知らせです。
●うれしいことから、悲しいことまで、さまざまな感情が生じたら、しっかり受けとめて、認めましょう。
●次々に受け取る感情に向けて、クリーニングをします。

すべての感情は「ウニヒピリからのお知らせ」

私たちは日々さまざまな体験をし、その都度いろいろな感情を抱きます。たとえば、きれいな花束をもらって「うれしい」、子どもの寝顔を見て「愛おしい」、映画を観て「おもしろい」、大事な指輪をなくして「がっかり」、残酷なニュースを見て「怖い」、パートナーの浮気を知って「つらい」といった感じです。

ふだん私たちはこういった感情を過ぎ去るままにして向き合うことを、なかなかしないのではないでしょうか。ですが、ウニヒピリはちゃんとあなたにサインを送ってくれているのです。

前述したように、ホ・オポノポノでは、**私たちが抱くあらゆる感情は、良いことも、悪いことも、すべからくウニヒピリの持つ記憶の再生**と考えます。

ウニヒピリを理解するうえで、ここはとても大事なポイントです。ウニヒピリがよくわからないと思っている方は、何か感情を抱いたとき、「これはウニヒピリが見せてくれたもの。ウニヒピリからのお知らせだ！」と、一度受けとめることから、始めてみるといいでしょう。

ウニヒピリとのファーストコンタクト

何か問題が起こると、「なんでこんなことが起こってしまったの」「どこで間違ったのかしら」「なぜ、なぜ」というふうに、私たちはその問題ばかりに目を向けて、「どうにかしたい」と思いがちです。そうなってしまう気持ちもわかりますが、問題ばかりを見るのではなく、一度、そのときの自分の感情に目を向けてみましょう。

「イライラする」「がんばったのに悲しい」「くやしい」「がっかり」「もうイヤ」……。そこにはいろんな感情があると思います。それこそが、ウニヒピリからの気づいてほしい、クリーニングしてほしいという、お知らせです。

そして、その感情をしっかりと受けとめてから、「イライラするよね」「悲しいよね」「くやしいよね」というふうに認めてあげます。それがウニヒピリとのファーストコンタクトであり、コミュニケーションの基本中の基本です。

それから、その感情に向けてクリーニングをします。4つの言葉でも、ほかのクリーニングツール（P70～75）を使ってでも結構です。

ポジティブな感情もクリーニング

つらいことや悲しいことといった、あなたにとって不快な問題が起きたらクリーニングするというのは、わかりやすいと思います。

うれしいことや楽しいことからくるポジティブな感情もウニヒピリが見せてくれた素晴らしい記憶です。まずはしっかり受け取って、その幸福感を味わってください。そして、「こんな素晴らしい記憶を見せてくれて、ありがとう、愛しています」と、ウニヒピリに向けて4つの言葉や、お気に入りのクリーニングツールでクリーニングしてみます。

ラッキーなこと、感無量と叫びたくなるような出来事ばかりが続いたら、確かに楽しいかもしれません。でも、そういうポジティブな状態ばかりを望み続けると、どうなるでしょうか。

「こんなラッキー、長く続くわけない」「次はひどいことが起こるかも、怖いな」「この幸せを失いたくない」「いやいや、悪いことなんて起こらない。考えないようにしよう」……。あなたは、こんなふうに思うようになるかもしれません。

そして、「良いことだけ考えるようにしよう」「良いことだけ起こりますように」「悪いこと、ネガティブなことは私には起こらない」というふうに、良いことだけを期待したり、執着するようになってしまうかもしれません。

また、少しでもあなたにとってマイナスの感情が起きたときに、「こんなネガティブな考えはダメダメ」と、本当の感情にフタをしてしまい、ウニヒピリの声を聞こえなくしてしまう恐れがあるのです。


あなたにとってポジティブなものもネガティブなものも、両方ともウニヒピリが見せてくれるあなたの大事な感情です。どちらが良い、悪いではないということです。

一方で利益があれば、他方で損失があるなど、どんなことも明るい面と暗い面の両方を持っています。あなたが本当の意味で心地よくいられる状態は、良い、悪いといった二元的な判断に惑わされることなく常に穏やかな心をキープしている状態です。

毎日いろんなことが起きるのが人生です。本来いろいろあって当たり前ですよね。

CHAPTER 2

ウニヒピリケア きほんのき

ウニヒピリは、良いも悪いもない、あらゆる期待や執着から解き放たれたゼロの状態があなたにとっていちばん幸せであると知っています。ですから、せっせとあらゆる記憶を見せて、あなたにクリーニングを促しているのですね。

STEP 2

話しかけてみましょう

POINT

- いつでも、どこでもウニヒピリに話しかけてみましょう。
- 優しく、いたわりながら話しかけるようにします。
- すぐに反応がなくても、諦めないで。

こんにちは、ウニヒピリ

では、次のステップです。

ウニヒピリの見せてくれる感情を受けとめて、クリーニングをするようになったら、毎日、自分からも積極的にウニヒピリに話しかけてみましょう！

朝目覚めたとき、電車でぼーっとしているとき、レストランでメニューを選ぶとき、どんなときでも結構ですから、できるだけたくさんウニヒピリに話しかけてみます。「ウニヒピリ、おはよう」「ウニヒピリ、今日の気分はどう？」「ウニヒピリ、何が食べたい？」「ウニヒピリ、どこに行きたい？」……。

ウニヒピリに話しかけるときは、親しみを込めて、優しく優しく話しかけるようにしてみましょう。ウニヒピリが自分の一部だからといって、横柄に扱ったり、思いのままにしようとしたりしてはいけません。

誰だってそんなことをされたら気分が悪くなりますよね。ウニヒピリも同じです。

ウニヒピリは自分の一部なのですから、ウニヒピリをぞんざいに扱うということは、自分をぞんざいに扱っているようなものです。つまり、ウニヒピリを大事に扱うこと

は、自分を大事にすることと同じなのですね。

しかし、どうでしょうか？　私たちは、自分のことをないがしろにしたり、休みたいのにがんばりすぎたり、イヤなことを我慢したり、人と比べてみてはダメ出ししたり、自分に対して厳しい傾向があると思いませんか。

それは内なる自分であるウニヒピリを否定していることと同じです。もしあなたが「ずいぶん私は自分を否定してきた。ウニヒピリを傷つけてきてしまっているかもしれない」と思ったとしたら、「今までひどい扱いをしてしまって、ごめんなさい。ゆるしてください」と心からていねいに謝ってみましょう。

あなたがたくさん謝っても、ウニヒピリからはなんの反応も返してこないかもしれません。それでも諦めず、辛抱強く、あいさつをしたり、話しかけたりしてほしいのです。

すぐに反応がなくても、今まで散々無視されて、苦しい思いをしてきたのですから、当然といえば当然です。どうせまた無視されるんじゃないか、またダメ出しされるんじゃないかとビクビクしているのかもしれませんし、ものすごく恥ずかしがり屋さんなのかもしれません。

ウニヒピリの気持ちを尊重する

ウニヒピリの感じ方は人それぞれで違います。ウニヒピリという、かわいらしい名前がついていることもあって、話しかけ続けていると、それこそ天使や妖精のような小さくて愛らしい存在が自分のそばにあらわれるのかしら？　と思う方もいるかもしれません。中には、ウニヒピリを天使や妖精、幼い子どものような姿・形として心で見ることができたり、メッセージを肉声で受け取ったりする人もいるようです。

しかし、姿・形あるものとして見えなくても、リアルな声が聞こえなくても、なんら問題ありません！「姿をあらわしてほしい」と願う人もいるようですが、忘れないでください。ウニヒピリはあなた自身なのですよ！

ウニヒピリは、別の次元からやって来たり、どこか遠くに探しに行ったり、特別なことをして呼び出したり、誰かに見つけてもらうものではありません。あなたの外側には決していないということです。こうあってほしいと期待することは、さらにウニヒピリを苦しめてしまいます。

ウニヒピリが姿・形をあらわさないということに対して「なぜ？」と悲しくなった

り、「本当はウニヒピリなんていないんじゃないの？」と懐疑心でいっぱいになったりしたら、その気持ち自体が記憶の再生なのです。そんなときも、そのウニヒピリの気持ちを尊重して、クリーニングをしましょう。

あなたが諦めずにクリーニングや話しかけを続けていると、それに応えるように、ふと新たな感情がわきあがってくることがあるでしょう。それがウニヒピリからの声なのですね。

また、あなたは街を歩いていて、一軒のお寿司屋さんがふと気になったりすることはありませんか？　そういうなんだか理由はわからないけど「気になる」というのも、ウニヒピリからのサインです。ずっと気になっているけれど手をつけられないでいる習い事だったり、機会があれば訪ねたいと思い続けているけれどなかなか行けないような場所があったりしたら、それもウニヒピリがなんらかのメッセージを送っている可能性が大です。それを実行に移すことでインスピレーションがもたらされ、たとえばステキな出会いに恵まれたり、新たな才能を開花させるチャンスを得たり、人生により豊かな充実感をもたらしてくれるかもしれません。

ウニヒピリは、姿・形を見せないとしても、そんなふうにずっとあなたにシグナルを送り続けている場合もあるのですね。自分はどんなことが気になっているか、どんなことをしたいと思っているか、どんな小さなことでもキャッチして、少しずつでも叶えていくとウニヒピリとの絆はより深まっていくでしょう。

また、ウニヒピリとあなたの関係は、あなたと他者との関係を鏡に映しているようなものです。恋愛関係、夫婦関係、親子関係、仕事関係……。あらゆる問題やストレスは、人間関係が絡んでいることが多くあると思います。

あなたがウニヒピリに無関心であったり、理解できないでいたりするのは、他者もあなたに無関心で、理解できないと思っているということです。そのような関係性に愛や癒しを求めてもムダですよね。

でも、**ウニヒピリとあなたが真につながることができれば、あなたはどんな人ともあなたらしく、自然体で接することができるようになります**。どんな相手に対しても、余計な先入観や期待を手放してつきあうことができるようになるのです。目の前にあらわれる人間関係は、驚くほどスムーズなものに変化することでしょう。

STEP 3

会話をしてみましょう

POINT

●ウニヒピリに質問してみましょう。
●クリーニングはタイミングよく、先送りにしません。
●楽しいことを一緒にしてみましょう。

ウニヒピリとの会話を楽しむ

ウニヒピリが見せてくれる記憶をクリーニングして、根気よく日頃から声をかけるようにしていると、ウニヒピリは必ず反応してくれるようになります。

そうしたら、ウニヒピリとの会話を楽しむようにしてみましょう。毎回必ず具体的な反応があるわけではないかもしれませんが、それもウニヒピリのメッセージです。

たとえば、こんなふうにやってみましょう。

あなた　「おはよう、ウニヒピリ。調子はどう？」
ウニヒピリ　「…………………」
あなた　「愛しています」（反応がない状態に対して、クリーニング）
ウニヒピリ　「まだ眠たい」（と、あなたは感じる）
あなた　「まだ眠たいね。愛しています」（「眠たい」という気持ちを受けとめてから、クリーニング）
ウニヒピリ　「喉が渇いた」（と、あなたは感じる）

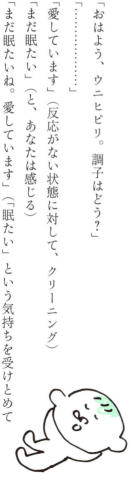

あなた　「喉が渇いたね。お水飲みましょうか。愛しています」（「喉が渇いた」という気持ちを受けとめてから、クリーニング）

ウニヒピリ　「今日の午後の会議がイヤ。めんどう」（とあなたは感じる）

あなた　「会社の会議めんどうだね。愛しています」（「めんどう」という気持ちを受けとめてから、クリーニング）

……といった具合です。「そんな～！　ずっとやっていられないわ」と思う方もいるかもしれませんが、はじめは朝ベッドの中で、通勤の電車の中で、夜寝る前に、というふうに、ウニヒピリと会話する時間を設けて、短時間試してみてください。

理想は、ウニヒピリと会話することが、まるで呼吸をするかのように当たり前の習慣になることです。

ウニヒピリとの会話に慣れてくると、ウニヒピリのほうからも「ああだね、こうだね」と言ってくれるようになってやりとりが楽しくなりますし、何より現実が、あなたにとってより心地いいものに変化し始めて、ウニヒピリはなくてはならない最愛のパートナーと感じられるようになるでしょう。

例にあげた会話を読んで気がついた方もいると思いますが、ウニヒピリの声というのは、まさしくあなたの本音です。勘違いしないでいただきたいのは、ウニヒピリの本音にいつも従う必要はないということです。

たとえば、誰かに暴言を吐かれて、ものすごく頭にきたとします。ウニヒピリは「ひどい！　ムカツク！」とあなたに伝えてきました。そこで、その気持ちのままあなたが相手に言い返してスッキリしてしまえばいいのか、それとも相手と険悪になるようなことは回避して冷静に対処すべきか、その判断はあなた（ウハネ）が決めていいのです。

ウニヒピリにとって大事なのは、あなた（ウハネ）がどんな行動をとるかではなく、瞬間瞬間の本音を受けとめて、タイミングよくクリーニングしてもらうことなのです。

「ムカツクよね。ひどいこと言われて悲しいね……。愛しています」と。

クリーニングすることを先送りにしないことはとても大事です。

とくに、怒りというのは溜め込んでしまいがちな感情です。怒りをあらわにするなんて大人げないと言われることもあると思います。ですから、何か頭にくることがあったら、ウニヒピリとつながるチャンスと思って試しにやってみてください。

ウニヒピリからの気持ちを受けとめて、クリーニングしましょう。ウハネ（表面意識）とウニヒピリ（潜在意識）の思っていることが一致すると、心は不思議なくらい、すーっと落ち着いてくるでしょう。

トラブルの最中の自分を振り返ったとき、「あのときは自分を見失っていた」と表現することがありますが、まさにそのとおりなのです。

あなたがトラブル真っただ中にいるときは、たいがいウニヒピリのことはすっかり忘れています。本当の自分を見失っている状態です。ですから、余計に訳がわからなくなってしまうのです。そして、あれこれと試行錯誤し、あなたが考えを変えたり、飽きたり、諦めたりするたびに、ウニヒピリはあなたが何をいちばん望んでいるのかわからなくなり、混乱して疲れきってしまいます。

私たちは、物事はこうあるべきとか、前例はこうだとか、常識ではこうだとか、自分はこんな人間だとか、決めつけたがるところがあると思います。社会的な慣習にならって「良い人」を演じていることも多いものです。

でも、自分が混乱しているときや、どうしていいかわからないとき、迷いがあるときは、そういった判断に従うよりもウニヒピリに声をかけ、一緒にクリーニングをするほうが、素晴らしい道が開ける可能性に満ちています。

ウニヒピリは、いつもあなたの味方です。あなたのことを理解したいと思っていますし、あなたを最良の状態、すなわちゼロへ導きたいと思っています。

ウニヒピリを心から信じて、いつも一緒にいる気持ちを忘れないことが何より大切です。

STEP 4

たえずクリーニングしましょう

POINT

- ●ウニヒピリと一緒にクリーニングツールを選んでみましょう。
- ●ウニヒピリには、いつも愛情と感謝を忘れずに。
- ●インスピレーションに従って行動してみましょう。

ウニヒピリを愛する最高の方法は、クリーニング

ウニヒピリと深く交流するポイントは、あなたが心からウニヒピリを大切にしていることを、ウニヒピリ自身が感じられるようにすることです。

日頃私たちは、すべての行動のほとんどをクリーニングせずに行っています。しかし、**いつでも、どこでもクリーニングをすることが、ウニヒピリへの愛情をあらわすいちばんの方法です**。

ウニヒピリは、怒り、不安、執着、ねたみ、そねみなど、あらゆる感情がぎゅうぎゅうに詰まった倉庫に閉じ込められているようなものと想像してみてください。苦しくてたまりませんよね。でも、あなたがクリーニングをして、倉庫をお掃除してあげれば、ウニヒピリは解放されます。

ホ・オポノポノのクリーニングツール（P70〜75）は、あなたが好きなものでかまいませんが、選ぶ際にウニヒピリに「今日はどれがいい？」なんて質問してあげると、楽しくコミュニケーションをとるきっかけになるでしょう。

いろんなクリーニングツールを使ってみると、とりわけウニヒピリの反応がいいクリーニングツールがあるかもしれません。

反応がいいというのは、あなたの気持ちが軽くなったり、ウニヒピリが大切なことを教えてくれて、多くのいろんなお知らせ（インスピレーション）を与えてくれるようになることです。すると、あなたは人生の大きな流れに沿うことができるようになります。

ウニヒピリとの共同作業

何か目的があるのなら、ウニヒピリにお手伝いを頼んでみるのもお勧めです。たとえば、仕事がいくつも重なって、どれから手をつけたらよいかわからないようなときです。どうしたらいいかわからないという気持ちに対して、「一緒にクリーニングしてね」とお願いしてみましょう。

普通の考え方であれば、納期の早いもの、完成に時間がかかりそうなものから取り組むかもしれませんが、クリーニングしてみると、あなたはいちばん納期の遅いものからやりたくなるかもしれません。それがインスピレーションです。

あなた（ウハネ）は、「えっ!?　いちばん遅くていいものなのに」と思うかもしれませんが、そのインスピレーションに従って行動してみると、その仕事はサクサクと片付いて、ほかのものもその勢いに乗ってスイスイと仕上げることができたりします。

「ウニヒピリとクリーニングをする ↓ 降りてきたインスピレーションに従って行動する」

これを繰り返していると、ウニヒピリもあなたを信頼するようになり、自主的にクリーニングすることを学びます。すると、ますますインスピレーションが与えられるようになります。

あなたが、最近物事の流れがいいな、タイミングが合っていることが多いな、と感じることが増えてきたら、ウニヒピリとうまくいっている証拠です！

物事が滞ったり、次々に問題が起きたり、悩みを抱えた状態のあなたは、いわば、レンズがベタベタに汚れたメガネをかけて行動しているようなものです。汚れたメガネをかけていては、仕事ははかどりませんし、本を読み進めるのは困難ですし、車に乗れば事故を起こす可能性大です。料理をすればとんでもなくまずいものができてしまうかもしれません。それでは、ますます問題もストレスも溜まっていきます。

人生も同じです。**クリーニングは、ベタベタのレンズをきれいに拭いてお掃除するようなもの。パーッと視界が開けて、心も頭もクリアになり、見るべきもの、すべきことがはっきりとしてくるのです。**

インスピレーションは「神聖なお知らせ」

一つお伝えしておきたいのが、インスピレーションと直感の違いです。同じものだと思い込んでいる人も多いのではないかと思います。

「直感」というのは、あなたの過去の記憶の再生から生まれたものです。現実で、以前うまくいった情報の焼き直しと言ったらいいかもしれません。

一方の「インスピレーション」は、ウニヒピリが再生する記憶がクリーニングされ、あなた自身がゼロになった状態にディヴィニティから届くものです。今までの記憶に縛られない、あなたにとって完璧なタイミングであらわれる「神聖なるお知らせ」です。そして、インスピレーションを受け取るために、アウマクア（超意識）とつながることができるのは、あなたの一部である愛すべきウニヒピリだけなのですね。

ですから、**インスピレーションをもたらしてくれるウニヒピリには感謝の気持ちをいつも示すようにしましょう。**

やってもらって当たり前という姿勢は感心できません。任せきりでほったらかしというのは、それはそれでプレッシャーがかかり、ウニヒピリを傷つけてしまいます。

クリーニングは、いつだってウニヒピリとあなたの共同作業です。

一瞬一瞬、愛情と感謝の気持ちを持ってクリーニングすることで、ますます良好な関係を築けるでしょう。

STEP 5

身体の声を聞いてみましょう

POINT

●身体をいたわり、話しかけ、クリーニングしましょう。
●身の回りのものにも、ウニヒピリを感じてみましょう。
●すべての責任は自分にあります。
自分の記憶をクリーニングすることを忘れないで。

ウニヒピリはあなたの最高の体調管理人

とっておきのウニヒピリのケアの一つをお伝えしましょう。自分の身体を大切にすることとです。**ウニヒピリは身体をつかさどっています**。実は、あなたの身体はウニヒピリが管理しているのですね。

「疲れている」「肩凝ってるな」「喉がちょっと痛い」など、あなたの身体にあらわれる症状は、調子が良くても悪くても、紛れもないウニヒピリの声なのです。

ですから、ちゃんとその声を受けとめてクリーニングしてあげましょう。その後の対応は、ケロッと不調が治るかもしれませんし、今日はゆっくり休むほうがいいと思うかもしれません。そのインスピレーションにお任せします。

身体を大事にする方法の一つとして、KR女史は、身体のパーツごとに話しかけ、クリーニングをしているそうです。

「腕さん、これから重い荷物を運びます。愛しています」「足さん、今日はよく歩いて疲れたね。ありがとうございます」「胃腸さん、ランチを食べすぎたかしら。愛しています」といった具合です。

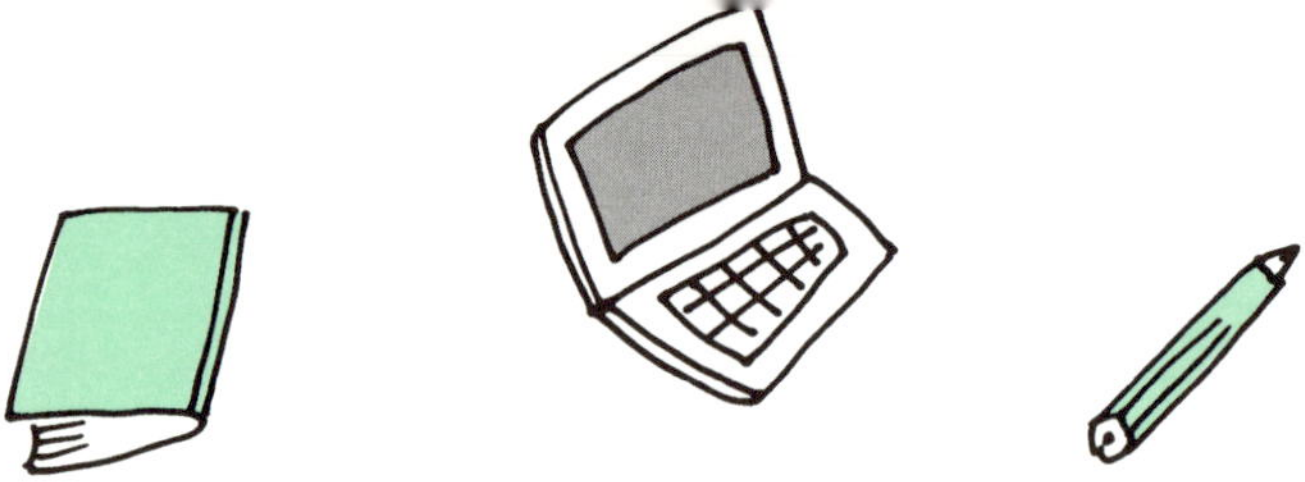

ホ・オポノポノでは、すべてのものにはアイデンティティがあると考えます。あなたという人は、いろいろな部分が集まってできていますから、その部分部分にもウニヒピリがいると考えられるのです。

腕も、足も、胃腸も、その他のパーツも、あなたが心を込めてクリーニングすることで、それぞれが本来の役割を果たすべく、最高の働きをしてくれるようになります。

身体のパーツだけではありません。あなたの身の回りにあるものにも目を向けてみましょう。スマホも、パソコンも、手にしてくださったこの本も、デスクも、椅子も、えんぴつも、ノートも、時計も、指輪も、爪切りも、部屋の壁にも、すべてにウニヒピリがいて、それぞれアイデンティティを持っています。

それぞれのアイテムは、それぞれの体験を背負って今があります。スマホ一つとっても、企画した人、デザインした人、システムを構築した人、部品を作った人、組み立てた人、売った人……、多くの人の手を経て、あなたのところに来ていますよね。

あなたのスマホと友達のスマホが同じ機種だとしたら、一見同じものに見えるかもしれません。でも、その個性は違うということです。同じ両親から生まれても兄弟姉妹、みんな違いますよね。そんなふうに捉えてもらうと想像しやすいかもしれません。身の回りのものに「今日もよろしくね」と話しかけたり、「ありがとうございます」など、クリーニングをしたりしていると、スマホならスマホの記憶がクリーニングされて、あなたにいちばん役立つように働き出してくれるでしょう。

身体の話に戻しましょう。日々、身体をいたわりながらクリーニングを続けていると、「今日は野菜を食べたほうがいいよ」「早く休んだほうがいいよ」「外の空気を吸ったほうがいいよ」「身体を動かしたほうがいいよ」と、身体が本当に必要なことがわかってきます。

昨今は、あらゆる健康情報が溢れていますね。食べ物一つとっても、玄米はいい、魚はいい、肉はだめ、白砂糖はだめ、冷たいドリンクはだめなど、実にさまざまです。ホ・オポノポノでは、食べ物に関しても、そこに良い・悪いはないと考えています。どんな食べ物であっても生まれてきた役割があり、その食べ物には食べ物のウニヒピリがいるのですね。食べ物は私たちの命を支える大切なものです。どんな食べ物もクリーニングしてから、その命を頂くことで、あなたの命を最大限にサポートしてくれるものになります。

どの食べ物が良い、悪いといった情報も、ウニヒピリが見せてくれる記憶ですから、実際自分が取り入れる際は、ウニヒピリと一緒にクリーニングしてみるのもいいでしょう。なにしろ、ウニヒピリこそが、あなたの身体をすみずみまで熟知して、アドバイスをしてくれる最高の栄養管理士なのです！

また、たとえばあなたの友達がリンゴダイエットをして、痩せたとします。あなたもやってみたけれど、すぐにリバウンドしてしまった。友達にリンゴダイエットは合っていたのかもしれませんが、あなたには合わなかったのです。そういうことはダイエットに限らず、よくあると思います。しかし、情報に振り回されて、自分に合わないダイエットや健康法を行うことは身体にとても負担がかかります。身体をつかさどるウニヒピリをとっても苦しめてしまうのです。

体力や精神力が限界を迎えているのに、無理を続けてしまうという人もいます。積み重ねた心身への負担はいつか、大きな問題を引き起こすと想像できますよね。

ホ・オポノポノでは病気をつくり出している源も、ウニヒピリが再生する記憶と考えます。病気になってしまったら、することは大きく二つあります。一つは、現実的な対応として、病院に行く、薬を飲むなどの直接的な身体の治療です。もう一つは、ホ・オポノポノです。

「病は気から」と昔からいわれますが、「心と身体と魂はつながっている」という東洋医学をベースにしたホリスティックな健康観も知られてきたように、精神面からも問題解決にアプローチすることができます。

慢性的な胃痛を患っている人が、薬を毎日飲み続けることでその症状を抑えているとしたら、たとえ毎日元気そうに仕事をしているとしても、それは本当に健康な状態ではありませんよね。つまり、表面的に身体にあらわれた病気の治療をするだけでは、本当の健康は手に入らないということです。少なくとも、ホ・オポノポノでは不十分と考えます。ウニヒピリは胃痛という記憶を再生して、問題を明るみにしているのに、痛みを薬で抑えられ、なかったことにされているからです。クリーニングのチャンスを失ったウニヒピリはどうするかというと、また新たな問題を起こす、つまり、またいつの日か、別の記憶を再生することになってしまうでしょう。

この場合、自分の中のどの記憶が胃痛という不快な症状を生み出しているのか、ウニヒピリにお手伝いしてもらってクリーニングをすることが大事です。

自分の病気だけでなく、あなたの周りの人が病気やけがをした場合も、その原因は、病気になっている本人ではなく、あなた自身の記憶の再生です。

たとえば、あなたの夫が糖尿病にかかったとします。そうしたら、夫のためにとか、糖尿病に向けてクリーニングをするのではなく、今起きている現象をありのまま受け入れて、自分の記憶の再生としてクリーニングするのです。あなたのいつの記憶が夫が糖尿病で苦しんでいるという現象を引き起こしているのか、ウニヒピリに見つけ出してもらいゼロにしていきます。具体的には、あなたの中の心配や不安、苦しみなど、夫の病気から受け取る感情をクリーニングします。

起きることはすべて自分の記憶が原因というホ・オポノポノの考え方をいつでも思い出してください。

あなたはウニヒピリと深く交流することで、自分だけでなく、あなたに関わるすべての人たちのことまで、自分でクリーニングすることができるのです！ これはとても素晴らしいことだと思いませんか？ 自分が変わることで、相手も周りの環境も変えていける。それがホ・オポノポノの真理であり、美しいところです。

ウニヒピリがわからない＆もっと仲良くしたいときのチェックリスト

ウニヒピリと交流するうえで、大切にしたいポイントです。
ウニヒピリは、とても繊細な面を持っています。
常に初心に立ち返って接するようにしましょう。
できていないところがあったら、クリーニングです！

- □ **ウニヒピリの姿・形、声や現象にこだわっていませんか？**
ウニヒピリは感情や、ふと何かが気になるというようなサインを送っています。

- □ **ウニヒピリを乱暴に扱ったり、クリーニングを任せっきりにしていませんか？**

- □ **一瞬一瞬、クリーニングしていますか？**
平和は常に自分から。

- □ **怒りを溜めていませんか？**
常に4つの言葉を唱えているのに、現状が変わらないというようなケースは、「変わらない！」という怒りを溜めています。怒りの感情をクリーニングしましょう。

- □ **ウニヒピリについて「わからない」「感じない」「何も変わらない」？**
その気持ちをクリーニングしてみましょう。

- □ **「気持ちがいい」「おいしい」「うれしい」……。良いこともクリーニングしていますか？**
すべてウニヒピリが見せてくれている記憶です。

- □ **あなたは、感情的になって自分を見失うことが多いタイプですか？**
わきあがる感情をていねいにクリーニングしましょう。

- □ **あなたは、計画どおりが好きな思考優位なタイプですか？**
思いどおりにしたいという気持ちをクリーニングしましょう。

- □ **あなたにとって、都合の悪いことが起こっても、ウニヒピリに愛情を注いでいますか？**

- □ **ウニヒピリをわかろう、わかろうとしていませんか？**
「わからない」と言っているのと同じです。わかりたいという気持ちをクリーニングしましょう。

- □ **クリーニングすればなんとかなると期待したり、クリーニングをやりすぎていませんか？**
やりすぎも、やらなすぎもウニヒピリを傷つけます。

- □ **インスピレーションに従って行動していますか？**
良いこと、悪いことという二元的な判断に頼っていると、インスピレーションを信じることはなかなか難しいかもしれません。インスピレーションは、長い目で見て自分にとって最適なことに導くお知らせです。

CLEANING TOOLS

ウニヒピリと仲良くなるための
代表的なクリーニングツールをまとめました。

4つの言葉

ありがとう

ごめんなさい

ゆるしてください

愛しています

クリーニングする言葉はいつでもこの4つです。つぶやく順番は自分が言いやすい順番でかまいません。声に出しても、心の中で唱えるのでも、効果は変わりません。「愛しています」はほかの3つを含みますので、単独で使うのもいいでしょう。記憶を見せてくれるウニヒピリに感謝と愛情をストレートに届ける効果があります。

記憶というのは、生きている限りどんどん蓄積されていきます。クリーニングしつくす、ということはありえないのです。ですから、瞬間瞬間クリーニング状態になれたら最強です。

人生は何が起こるのか、そんなこと誰にもわかりません。余計な心配や期待をするのは、記憶を粗大ゴミ化しているようなもの。掃除がますます大変になります。それより、4つの言葉を瞬間瞬間唱えることでいつも心をクリーンに保ち、もたらされるインスピレーションに基づき行動する。それが、悩みや不安を消し去る近道です。

ブルーソーラーウォーター

毎日ブルーソーラーウォーターを飲料水、料理、洗濯、掃除などに使うことを習慣にすると、いつでもクリーニングされている状態になります。

食材、衣類、部屋の記憶がいつも消去され、あなたのウニヒピリも、周りの物のウニヒピリも常に愛情をかけてもらってると感じるでしょう。あなたにも心地よい時間と空間が提供されるはず。「うっかりクリーニングを忘れちゃう！」という人にもお勧めです。

ウニヒピリが再生する記憶のほか、情報、リウマチ、筋肉の張り、痛み、憂鬱な気分などのクリーニングに効果的。

ブルーソーラーウォーターのレシピ

〈用意するもの〉

・水道水

・ブルーのガラス瓶

※ブルーのガラス瓶がなければ、透明のガラス瓶に、ブルーのセロファンを巻いたものでOK。

・ガラス瓶のフタ

※金属製は避けましょう。プラスティックやコルク、ラップでくるむだけでもいいです。

〈作り方〉

ブルーのガラス瓶に水を入れ、15～60分日光にさらします。

曇りでも、雨でも大丈夫。太陽光がなければ、白熱灯の光でも、代用できます。

☆ブルーソーラーウォーターがない場合は、心の中でブルーソーラーウォーターを飲むイメージをするだけでも、効果があります。

☆生水なので早めに使い切りましょう。

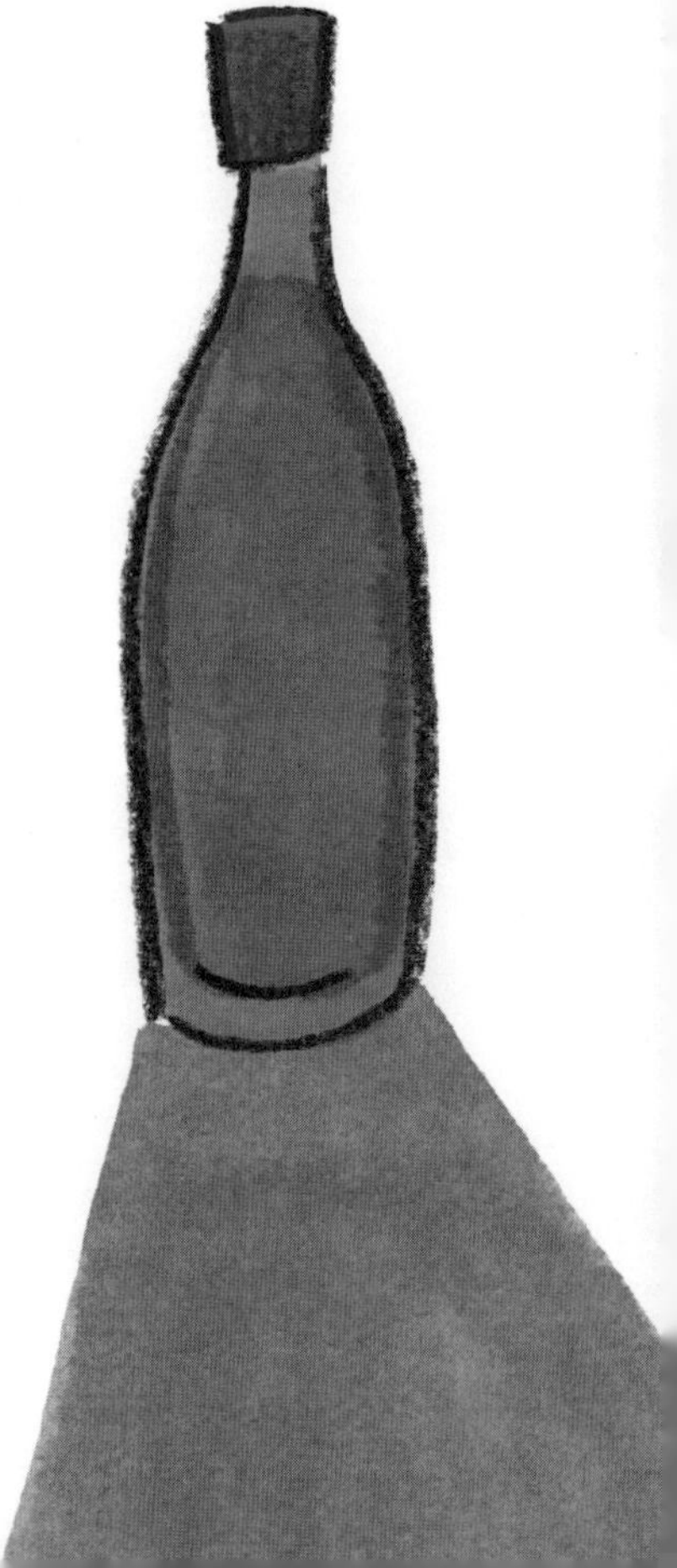

HA呼吸法

HA呼吸法は、余計な執着や期待、悩みを手放すのに効果的です。自分の記憶だけでなく、その場所の記憶もクリーニングされます。誰かとケンカしたりすると、その場の空気がピリピリしたり、イヤな空気と感じるようなことってありませんか？　それはその空間のウニヒピリも一緒にケンカを体験しているからです。怒りやイライラのエネルギーが、その場にあるものにも残ってしまうのですね。ですから、自分の気持ちを落ち着けるためだけでなく、家や、不特定多数の人が出入りするような場所、たとえば会社の会議室、旅先のホテルなどで行うのもお勧めです。

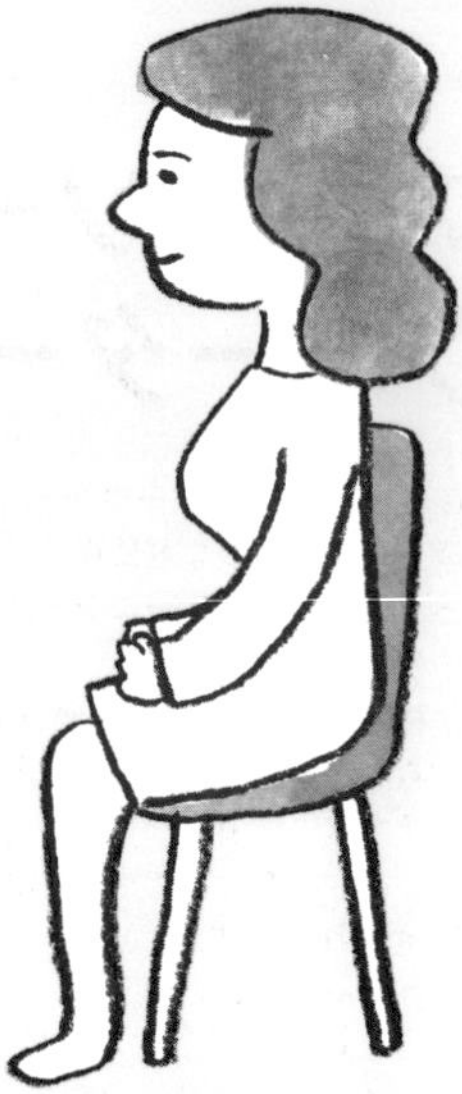

背筋を伸ばし、足を床につけて椅子に座ります。

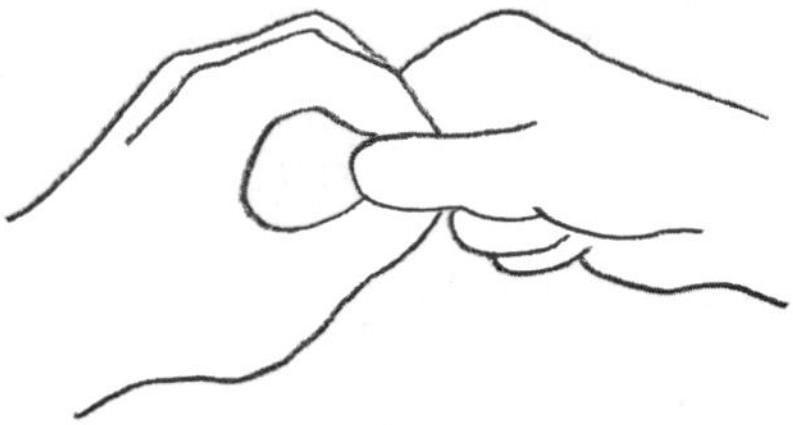

両手の人差し指と中指をそろえて軽く曲げ、その先に親指を付けて輪を作ります。この両手で作った輪を交差させます。∞ループをイメージしています。

③「7秒間息を吸う⇒7秒間息を止める⇒7秒間息を吐く⇒7秒間息を止める」を1セットとして7回繰り返します。時計に正確に7秒でなくても自分のペースで7秒カウントすればOKです。

アイスブルー

　霊的、物理的、経済的、物質的な痛みの問題、痛ましい虐待に関する記憶をクリーニングしてくれます。
「アイスブルー」は氷河の色ですが、自分のイメージする「アイスブルー」の色でかまいませんので、「アイスブルー」とつぶやきながら植物に触れたり、自分が抱える問題に対して言ってみましょう。
　植物の中でも、イチョウの葉に触れながら、またはイチョウの葉を持ち歩いて「アイスブルー」を唱えるようにすると、肝臓の解毒、恨みや怒りの気持ちを自動的にデトックスしてくれます。

キャンセル×《バツ》

「×《バツ》」は中毒、虐待、破滅、トラウマなどに関する記憶を消去してくれます。

　何か問題が起きているときには、心の中で「×」をイメージします。ウニヒピリに向けて「×」と言ってもOKです。

「×」の中には4つの言葉やアイスブルーも含まれています。また自分自身で気づかないこともクリーニングしてくれますから、一日の始まりや出かける前に、会う人、会う場所などに向けて「×」しておくこともできます。

食べ物

食べるだけで記憶を消去トしてくれる、楽しいクリーニングツールがあります。

イチゴ、ブルーベリー

記憶をからっぽにしてくれます。ジャムも同じ効果があります。

めん類（パスタ、うどん、ラーメンなど）

こんがらがってしまったややこしい問題を解きほぐしてくれます。

フレッシュなレモン果汁

ブルーソーラーウォーターに数滴混ぜて飲むことで、ヒステリーや憂鬱を引き起こす記憶を消去してくれます。

バニラアイスクリーム、マシュマロ

考え事をするときに食べるといいです。同時にクリーニングされるので、記憶が蓄積されません。

ロッテ グリーンガム

考えすぎてしまうマインドをクリーニングしてくれます。

ココア

いらだちやお金に関する記憶をクリーニングしてくれます。

ホ・オポノポノCeeport クリーニングカード

54枚のメッセージカードです。ウニヒピリと対話するために作られました。

お勧めの使い方は、朝起きたとき、ウニヒピリに「今日も一緒にクリーニングをお願いします」と言いながら、シャッフルし、1枚引きます。それが今日のウニヒピリのメッセージです。記憶をクリーニングしてくれたり、気づきを与えてくれたりします。

また、悩みや迷いがあるときは、そのことを思い浮かべながらシャッフルし、1枚引いてみましょう。それがウニヒピリからの答えになります。

SITHアジア事務局では、クリーニングカードを使った講座も随時開催しています。

CHAPTER 3

ウニヒピリとわたし

クリーニングにうまい、下手はありません。
考える暇があったら、
いつでもクリーニングしましょう。
ちゃんとやっているという実感がほしい人は、
たとえば朝と夜など、
時間を決めてクリーニングしてみましょう

Mary Koehler

ウニヒピリに「ありがとう」と言いましょう。
私たちはウニヒピリなしでは、
息をすることも、何かを見て、
楽しい、美しいと感じることもできないのです。
この習慣がクリーニングプロセスを
画期的に変化させてくれるはずです

Nello Ceccon

この章ではＳＩＴＨホ・オポノポノ講師の方々の体験を通じて
ウニヒピリを語っていただきました。
長年培われたウニヒピリとの関係は深く、それでいて澄みきっています。
もう一人の自分――ウニヒピリと出会えない人生なんてあり得ない！と
ウニヒピリの存在がすんなり受け入れられるのではないでしょうか。

Momilani
Ramstrum

自分が困ったとき、苦しいとき、
どんなふうに人に相談にのってほしいか、
どんなサポートがほしいのか思い出し、
それをウニヒピリに与えて
あげるようにしましょう

Jean
Nakasato

どんな小さなことでも
かまわないので、
日々何か自分が楽しいと
思えることをしていきましょう。
それは内なる子どもであるウニヒピリに
ごはんをあげるようものです

あなたがウニヒピリと関わるとき、
あなたはこの宇宙のすべての情報を
管理しているウニヒピリという
最高のコンピュータを扱っているのです

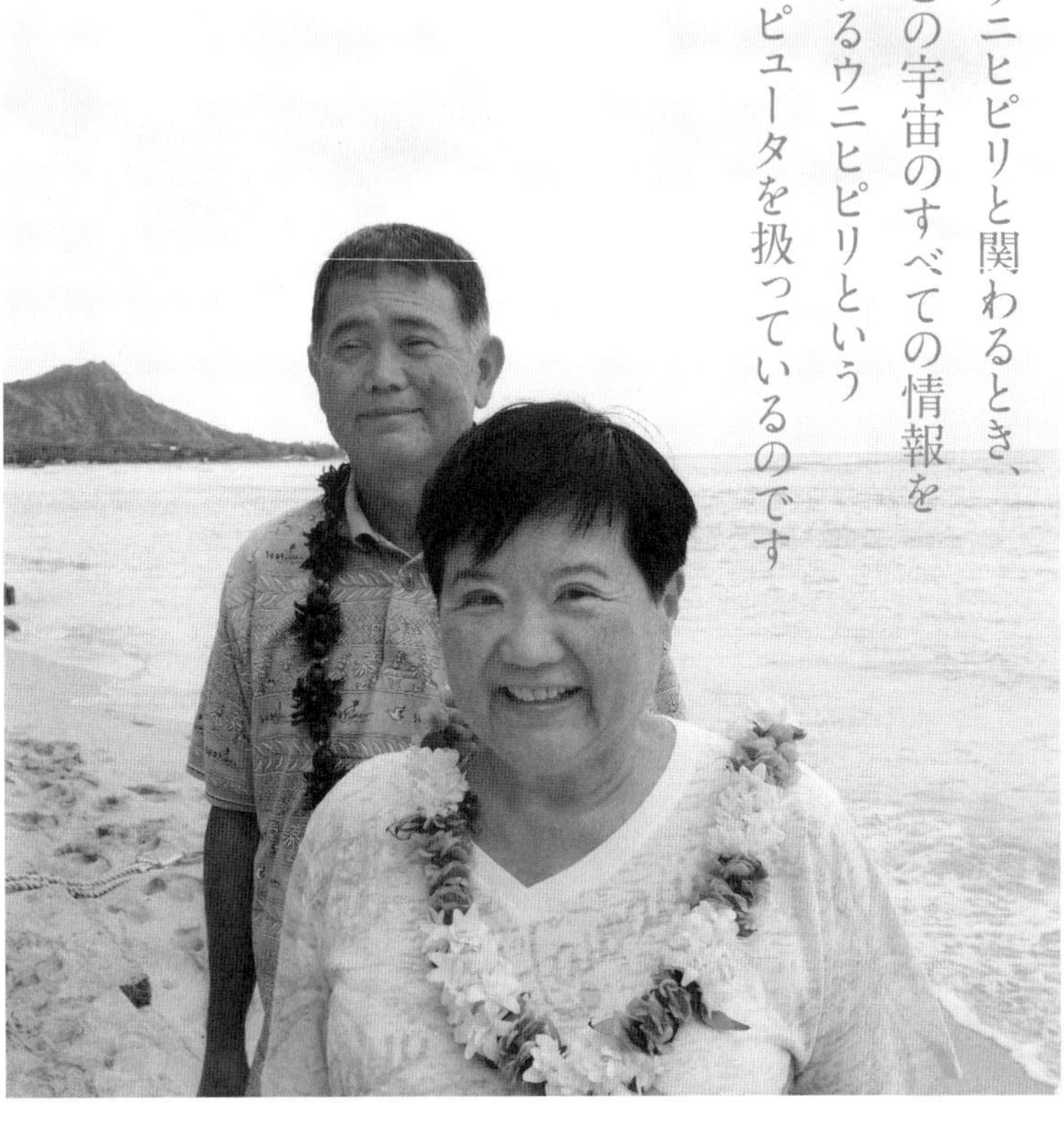

ジーン・ナカトさん

ホ・オポノポノ講師
ハワイ州文部省に在籍
ホ・オポノポノ歴30年以上
ハワイ州オアフ島在住
【家族】夫

アロハ！　まずは、今回こんなふうにホ・オポノポノという共通のライフワークを行っているみなさまとクリーニングをともにできる機会をいただけた喜びを分かち合わせてください。

自分が体験するあらゆること——読むことから、何かを見ることに至るまで、それをクリーニングすることが、今この瞬間ウニヒピリが見せている「Ｉｔ（イット）」なのです。頭ではほかにもいろんな重要事項があるし、何かを読み理解するとき、何かを得ようと必死になりますが、ぜひ心を開いて、読みながら立ち上がってくるあらゆる想いをクリーニングしてみてください。

私は今回この記事を書かせてもらっているこの瞬間、クリーニングしますし、みなさまもどうかこれをお読みいただく間、クリーニングしてみてください。私の写真を見て、「なんて丸い顔なの！」と思ったのならどうぞそれもクリーニングしてみてください（笑）。

ホ・オポノポノは人生で出会ったギフトです。使う限り永遠に働いてくれる、人生の自由な地図です。どんな瞬間も、あなたがクリーニングをすることで、人生があなたを中心に開かれていくチャンスなのです。

ウニヒピリという潜在意識の存在にショックを受けて

私がホ・オポノポノに出会ったのは1980年代です。結婚して少ししてから、マウイで暮らしていたとき、地方紙である『マウイウィーク』の一面にモーナのインタビューが大きく掲載されていました。そこに書かれていたことでいちばん印象深く残っているのは「この世界には良いこと、悪いことという二つに分けられるものは本来ありません。すべて光と影でできています。それらはいずれ、光に戻ります」というものです。

なぜかこの一文に惹かれ、私は週末にマウイで催される講演会に夫と一緒に参加することにしたのです。彼女の印象は素晴らしいものでした。彼女がどんな問題でも、どんな現象でも、私が体験することはクリーニングによって変換できると話していました。「本当に心配事や問題は解決できるの？」と思いましたが、モーナの顔とウニヒピリという潜在意識の存在にショックを受け、私は講演会終了後、しばらくの間声が出ないほどでした。

そこで、私たち夫婦は週末に開催される2日間のクラスに参加し、そこから今に至るまで、ずっとクリーニングを続けています。ハワイで開催されるクラスや講演会にそれからも参加を続けながら、途中からはスタッフとして、そして今では講師として関わっています。

クリーニングをスタートした当初から、たとえそれがどんな問題だとしても頭が軽くなり、目の前のことに手がつきやすいようになりました。もともとは、子どもが好きなのに子宝にはなかなか恵まれないという、少しずつ石が重なっていくように心を重くしていた問題をクリーニングし続けたのですが、その結果なのか、仕事も変化し、今ではハワイ州の文部省に在籍し、子どもに関わる仕事を20年以上続けています。

無理やり理屈で抑えずにクリーニング

どんな些細な問題も無視せず、「ああ、ウニヒピリが何かこの大きな人生の旅の中で、ヒントを見せてくれているのだわ」と素直にクリーニングすることが私の習慣となりました。

ドライブで道に迷ったときも、スーパーでいつも買うブランドの小麦粉じゃないものを買おうと思ったときも、友人から招かれたホームパーティに行くのが少しおっくうなときも、それを無理やり理屈で抑えずにクリーニングして、できるだけそのとき見える素直な気持ちに従います。そうした結果、私は今の私がいる場所を愛することができるようになったのだと思います。

モーナは当時から、ウハネ（表面意識）、アウマクア（超意識）、そしてウニヒピリ（潜在意識）、この三位一体が自己を構成していて、このバランスを取り戻すことが第一の、この宇宙での私たちのとても貴重な仕事だと言っていました。その三位一体のバランスを取り戻すためにもっとも必要なことが、ウニヒピリをケアし、慈しむことだと繰り返し言っています。

私はもともとスピリチュアルなことにあまり関心のあるほうではなかったのですが、不思議とモーナがウニヒピリの話をしたときに、丹田（ヘソの下あたりのツボ）のほうにズシッと響くような確信がありました。子どもの頃から物事を決めるときに、決定的なアンサーは丹田から来ているという感覚があったので、そのときもこれは真実だ、と疑うことはまったくありませんでした。

ウニヒピリという存在を知った、出会ったという体験を通して、多くの方がウニヒピリの感覚をつかむのに必死になり、頭で考えようとして、クリーニング自体がストップしてしまうようです。ウニヒピリの声が聞こえさえすれば、今の問題が思ったように解決されるという期待を持っているからかもしれません。このクリーニングという作業は本来聖なるものであり、内なる三位一体のバランスを戻していくことは、1から10のことをすればこういう形になりますよ、という細かいマニュアルを持たない本当に聖なるプロセスです。

宇宙が始まった頃から今までのあらゆる歴史、記憶をクリーニングしていくことは、途方のない作業に見えることもあるでしょう。しかし、それは今まで、輪廻転生の中で真っ暗な、ただ動かされている状況から急に光が見えてくるくらい、ビッグバンほどの大きな変化を実は起こしているのです。

だからこそ、長年暗闇の中にいたところから、はじめて光につながるということは、私たちにとっては、そうそう簡単なことではありません。自分とつながるということは、本当にパワフルなことですから、いろんな抵抗も出てくるでしょう。

しかし、一つ言えるのは、日々の生活の中で何かを犠牲にして、何かを得るという長年行ってきた自分への操作をしばし離れ、どんな小さなことでもかまわないから、楽しいことをやるということがコツだと思います。そして、私たちはそれを自分のためにはなかなかできないからこそ、自分の内側に住んでいる内なる子どものために、その子が毎日ごはんが必要なら与えなくてはならないくらい当たり前の感覚で、日々何か楽しいことをしていく、それがクリーニングを続けるコツです。

ウニヒピリのケアは、優しさが鍵

ウニヒピリのケアは、長年、押し込められたものが存在として認められ、開かれていくというプロセスです。今まで放っておかれた子どもともう一度出会ったわけですから、優しさが鍵です。ウニヒピリと関わるとは、「本心」を扱うことです。本心をていねいにクリーニングしていくことで、インスピレーションがもう一度流れるわけですから。

それでも、毎日、優しくていねいに話しかけることを心がけながらも、つい日常の忙しさからその存在を忘れたりしてしまうということもしばしばありますよね。

朝自分と対話する時間を持つ、ということは素晴らしいことです。たった5分、自分に向かって「今、何を感じ、何が楽しみで、何が不安？」とゆっくり話しかけるのもいいと思います。私たちがふだん外で行っている会話とはまったく違うので、話しかけてみて、答えがなくてもいいんです。話しかけたときに、ポカンとしてしまうこと、言葉にならないグダグダした思いが表面に立ち上がるだけでしめたもの、そこをクリーニングします。それがウニヒピリとの会話です。

また、私の祖先が日本人なので、少しは知っているつもりですが、日本にはたくさんのしきたりや常識がありますよね。自分を犠牲にすることが美徳であったり。そういうのって、潜在意識に深く深く残っています。ですから、それらをクリーニングすることもウニヒピリとの関わりにとっては大きなサポートになると思っています。

クリーニングすることで、記憶は消去されます。しかし、ここで罠が待っています。私たちは長年の歴史の中で、これをしたらこの結果が起こるべきだ、という条件付けの中で多くの争いを味わってきました。この体験も実は私たちが記憶を通して体験しているることにお気づきでしょうか。結果を求めること、まさにこれは条件付けです。

ホ・オポノポノで言うアンサーは神聖なる存在から与えられるもので、どのタイミングでどんな形であらわれているのか、基本的にはわかりません。

ウニヒピリが内なる平和をもたらす

そして、ホ・オポノポノで私たちが取り戻したいのは謙虚さでもあります。手放して、本来の命の流れに委ねていくということが、本当の自分を生きるためにいちばん大切な状態です。これは無理やり良い人でいようという謙虚さではなく、クリーニングするたびに自分がどんどん大いなる流れに委ねられていくという本来の状態です。

ですから、期待どおりにクリーニングが進んでいるかどうかにこだわって、この流れを止めるのはもったいないことですよね。あなたが欲していることとあなたの命が欲していることは、必ずしも一致してはいません。そのバランスを今、日々取り戻しているのです。

たとえば、良い結婚をしたい、お金持ちになりたい、政治をどうにかしたい、義理の両親との関係をどうにかしたい、どれも、具体的な自分の願望で、その願望が生まれた過程もあなたにとっては当然のように記憶に新しいものであるかもしれません。

しかし、形がなんであれ、あなたがその願望を通して得たいもの、それは平和です。何をどう具体的に求めていようと、結局は内なる平和を取り戻したい、その叫びでしかないわけです。それを実はいちばん合理的に、正しい方法でつなげてくれるのが、ウニヒピリという存在です。私たちはできるだけ、クリーニングに関してでさえ、期待という反応をクリーニングしたいのです。

神聖なる存在は、あなたという唯一無二の存在に必要なものを与えようとしています。記憶が欲しているものを与えてくれるわけではありません。そのことをどこかで思い出すといいと思います。

私たちがいつでも自由にできる選択

何が起きていても私たちができる選択は二つに一つ。クリーニングするか、しないか。愛を選ぶか恐怖を選ぶか。神聖なる存在の道か記憶が作り出した道か。私という花を育てるか、記憶という土の中で矯正して育てるか。それは私たちがいつでも自由にできる選択です。いつだって、自由を生きる選択は、自分ができるのです。このことだけは、ほかの誰にも阻害されない、唯一の自由なのです。

自由を生きる旅を選択したとき、時に孤独を感じることがあるかもしれません。でも、そんなときはホ・オポノポノのことをどうか思い出してください。あなたがクリーニングをするとき、そのプロセスに関わるすべての原子分子が自由を取り戻します。あなたは孤独どころか、世界をつなげる存在なのです。すべての存在が愛を思い出す大きな役割です。さみしくて、他と関わろうとする前に思い出してください。あなたがウニヒピリと関わるとき、あなたはこの宇宙のすべての情報を管理しているウニヒピリという最高のコンピュータを扱っているのです。それ以上にあなたに必要な情報を与えてくれる存在はこの世のどこを探してもいないのですよ。

どうか私もあなたも自由の花を開かせますように。その自由は私から始まります。平和は私から始まるのです。

ありがとう、ごめんなさい、ゆるしてください、愛しています。

ウニヒピリの存在を知ってから、人生をクリエイティブに生きることへとシフトできました

モミラニ・ラムストラムさん

ホ・オポノポノ講師
カリフォルニア州サンディエゴ大学講師／ミュージシャン
ホ・オポノポノ歴30年以上
サンディエゴ在住
【家族】夫、子ども１人

私の人生でウニヒピリからの恩恵を受けていないときは、一秒たりともありません。たとえば、海がボートを支え、進ませることに必要不可欠であるように、ウニヒピリは私の人生のあらゆることを支えてくれ、人生を進ませることに必要不可欠な存在です。

犠牲からは何も生まれない

最初に、今、私が体験していることをお話しさせてください。私は今、母に会いにアメリカ東海岸を訪れている最中です。母がふだんできないことを助けています。

滞在初日から、何か自分の身体に痛みを感じたので、何があったの？　と自分のウニヒピリに尋ねてみました。そこで私が気づいたのは、私は母以前に自分の内なる家族に向けて、自分たちがここまでできること、できないことというのをはっきりさせておく必要があったということです。

私はやはりどこかで自分の母親は私を産んでくれた人であり、娘としてなんとかしてあげたいと思い、はりきって動いていました。けれど、この肉体の痛みから内省していくにあたって、まずは自分が心地よさを取り戻さなくてはいけない、犠牲からは何も生まれない、ということに気づきました。母の期待に１００％以上応えなくてはいけないと知らず知らずのうちに自分を追いつめていたのです。

ウニヒピリのケアがどんなときもいちばん大切な仕事

ここでホ・オポノポノが教えてくれることは、そこで、好き勝手、自分の好きなように生きなさいということではなく、この気づきからもう一度ウニヒピリの存在を思い出し、話しかけるということです。早速、私は話しかけました。

「今、あなたはどんな気持ち？　この体験をどのように一緒にクリーニングできるかしら？　今、私たちに起きていることのほかにどんな方法で乗り越えることができると思う？」と自分に問いかけたり、話しかけたりを繰り返すのです。

このときに重要なのは、せかしたり、期待したり、追いつめたりするようなコミュニケーションをできるだけしないこと。本当に自分が困ったとき、苦しいとき、どんなふうに人に相談にのってほしいのか、どんなサポートがほしいのか思い出し、それを自分に与えてあげること。

そうしたら実際に、はっきりと今自分にできることが何か見え、そしてやっていきたいことと、できないことを母に話すことができました。もちろん、これによって母からも急に優しく感謝され始めた！　ということが起きたわけではありませんが、自分の内なる家族に安定と確信が取り戻せたことによって、私のプレッシャーは次第になくなり、肉体的な痛みも消え、私がここにいることになんの重みも感じることはなくなりました。改めて、自分の内なる家族、私としては第一にウニヒピリのケアがどんなときもいちばん大切な仕事だな、ということに気がつきました。

ウニヒピリが開くアーティスト性

いくつになってもそうですが、私は大学で講師として若者に接する中で、20代、30代がいかに自分を内省し、「本当の自分」として社会で人生を切り開いていく実践をするのに大切な時期か改めて実感しています。これは、何歳になっても言えますが、自分の家族とは違う生き方、考え方が始まっていくときに、自分の家族に関する郷愁の気持ちや、申し訳なさ、罪悪感が出てきたときに、それをクリーニングすることがとても大切になってきます。

生き方にはあなたのアーティスト性が最大にあらわれます。自分の家族とは異なる表現になるのは至極当然のこと。アートとは、あなたのコアにある部分、つまり時代や国籍、性別という枠を超えた、本当の自分の一部分が表現されている状態です。

生活の中で、新しい自分に対する気づきは、わくわくする楽しいものであるかもしれないし、苦しいものであるかもしれない。でも、自分の人生を自分のものとして選択していくときに来ているというサインでもあります。これから、あなたが人生で何かをしていくとき、そのすべての目的が本当の自分を表現するためのことかどうかに深く関わっていきます。

アーティスト性というのは、とても繊細でデリケートなものです。実際に自分がそれを表現している最中は、クリエイティブな状態であるということに気づいていません。これはホ・オポノポノでいうと、インスピレーションを生きている状態です。だからこそ、美しく、自分の存在に質問も疑問も持たない一瞬一瞬の状態です。左に行くべきか、右か、絵を描くべきか、陶芸をするべきか、この企画書を作成するべきか、誰に提出するのがベストなことか、そんな疑問はあらわれず、ただ実行している、そこで起きる働きに自分が道具となっている――それがクリエイティブであなたの才能がただ開かれた状態なのです。その状態に導くためには、ウニヒピリのサポート、存在は欠かせません。

記憶の操り人形でいるのか、本当の自分でいるか

人は間違いも過ちも起こします。記憶に振り回され、その中で間違った判断を繰り返してしまうのです。このように「これはうまくはいかない」というときに、「私は何も知りません。本当の意味では何もわかってはいません」という「気づき」に立つことをみなさんにお勧めします。気づくことができるのは、私たちのウハネ（表面意識）がなせるわざです。

そして、そこから自分の中からわき起こる罪悪感、人をとがめ裁こうとする判断、怒りなどが出てくるのです。その瞬間にこそ、私たちは選択することができます。「私はこの瞬間、ウニヒピリとともにいます。私は間違いを引き起こしています。記憶と現実をごちゃまぜにしてしまって、ごめんなさい」とウニヒピリに謝ることができます。これは記憶の再生で、本当の自分ではない。ウニヒピリと一緒にいるという

選択をして、もう一度、エラーを修正していけるのです。

記憶の操り人形でいるのか、存在そのものがインスピレーションでアーティストであるはずの本当の自分でいるか。問題が大きくあらわれているときや自信を失っているときに、このはじめの選択に戻ることはウニヒピリとの関わりにはとても重要なポイントです。

何かを表現したいと強く思っているとき、実際に何かを制作していてなかなか進むことができないときこそ、この最初の一歩に戻ることがとても必要になります。

クリーニングにより流れが生まれる

さらに具体的に表現することについて、ホ・オポノポノの視点からお話しさせてください。表現すること——クリエイティビティ、それは私にとっては「流れ」そのものです。その中で私は自信がない、こんなことできるわけがない、才能が足りない、チャンスがないなど、それらの記憶が再生されるたびに、私は自分のウニヒピリに対して、「これらを見せてくれてありがとう」と言います。

本当だったら押し込めたい部分を、見せてくれたこと、手放すチャンスを与えられたこと、これがクリエイティビティのプロセスであり、クリエイティビティの中に含まれています。だから、クリーニングするチャンスとして、実行していくと、流れが生まれ、さっき言ったように、私は私、つまり才能を開いていくことができます。

つい最近私はあるプロジェクトに向けて、企画書を書かなくてはいけなかったのですが、その中でいろんなものが見えました。恥、恐れ、比較など本当にさまざま。そこで私は、自分にとってのこのプロジェクトの意味、動機、関わる人や場所、素材、時間、そして私の感情をただクリーニングしていきました。

なぜこんなことをするかというと、私がウニヒピリとともにいられるのは、私が積極的にクリーニングを行うことを通して、ウニヒピリが溜め込んできた記憶を消去しているときだけだからです。私が内なる子どもであるウニヒピリと一緒にいるとき、神聖なる存在が私を通してインスピレーションを流してくれている、それを表現することが創作のうえで唯一できるＤｉｖｉｎｅ Ｊｏｂ（聖なる仕事）だから。

たとえば、あなたが学校を卒業したばかりだとします。これから仕事を見つけなくてはなりません。面接を受けるにあたり、できるだけ前もって、会社の名前、業種、会社の情報などをリストにあげます。

そのときに少なからず、あなたの中にいろんな体験が出てくると思います。ウキウキする体験かもしれないし、何か深刻なものかもしれない。会社の名前を聞くだけで、まだ受かってもいないのに、そこにいる自分を誇らしく思えてきたり、またはもしも受からなかったら、自分の価値がないと思ってしまい、怖いと感じたりするかもしれない。またはすでに退屈だと思っているかもしれないし、親の職業を思い出して比較する自分が出てくるかもしれない。何が出てくるにせよ、まったく何も感じないということはありえないでしょう。緊張、興奮、恐怖、何かしら出てくるものをそのままクリーニングすることが、私たちがその会社と出会った本当の目的です。クリーニングすることで、ようやく道が開かれるのです。

現実社会を生きる私たちは、適正な場所でいかに効率よく働くかはもちろん重要なことですが、クリーニングがそれを導くツールになります。クリエイティブに生きたい、自分を生かして生きていきたいのであれば、これが唯一の鍵です。

どんな舞台にウニヒピリを立たせるか

私がどんな形の山の頂上にいるとしても、そこにいることが人生の目的ではありません。そこに行くまでの一歩一歩でどれだけクリーニングしてきたか、そして、その中でどれだけ小さなことでも、本当の自分を生かし、そのペース、スピード、方法、道順が、本当の自分が欲しているものかどうかが大切なことです。

どんな方法であれ、頂上には立てたことでしょう。でも、そのプロセスでどれだけクリーニングして、自分を取り戻し、表現したかで、頂上から見える景色、それを受け取る自分がまったく異なります。

30年以上前、ハワイでホ・オポノポノを通してウニヒピリの存在を知り、生きることの目標を、人生のゴールへたどりつくことからそのプロセスを自分らしく生きることへシフトさせた瞬間から、私は自分を表現する舞台が何か時別なときとセットであることを必要としなくなりました。何をしていても、「私」の本番は「今この瞬間」なのです。そして、そこから人生がようやく大きく動き出したと感じています。

最後に、あなたのウニヒピリが今、舞台の上で何か発表会の最中だとします。いろんな人からの視線や野次が怖くて、そこで何かを表現するのは、とても苦しく、不幸な体験をしています。しかし、よくよく見てみると、客席にも舞台裏にもいるのはただ一人、「あなた」だけなのです。あなたがいろいろな野次を飛ばし、不安な視線を投げかけていたのです。舞台の上でウニヒピリに着せている服をスタイリングしているのも、照明もすべて、あなたが管理しているのです。記憶に操られながら、不安定な舞台でウニヒピリをさばき続けていたのです。

今、ウニヒピリ――つまり自分をどんな舞台に立たせてあげたいのか、何が怖いのか、何を恐れているのか、見えてくるものをクリーニングするチャンスです。あなたの中で古くなった記憶を消去して、あなた（ウニヒピリ）が本当の才能を表現すること、その選択をあなたができること、そしてそれは今この瞬間から始まっていることに気づき、自分の人生を生きてください。

大きな人生を歩まなくてはいけない、という自分の人生への決めつけ、判断ももちろん記憶。あなたは今自由ですか？　その不自由さは、外からではありません、あなたの記憶から生まれています。それに気づいたのなら、今、手放しましょう！

ありがとうございます。愛しています。

メリー・コーラーさん

SITHホ・オポノポノマスターコーディネーター
ホ・オポノポノ歴17年
オレゴン州ポートランド在住
【家族】夫、7人の子ども、4人の孫

私のウニヒピリが
長いこと望んでいたことは、
自分を人生の中心に
戻してあげることだった、
という深い気づきがありました

こんにちは、私はメリー・コーラーです。ホ・オポノポノに出会って17年が経ちます。17年と聞くと長く聞こえるかもしれませんが、私のクリーニング体験では、まるっきりのホ・オポノポノビギナーです。クリーニングの恩恵は私自身、家族、親戚、先祖に向け受けています。

子育てに悩んでいる時期に1年間の実験

はじめてホ・オポノポノのことを知ったとき、私は子育てで困難を感じていました。子どもたちのケンカがひどかったのです。下の子たちは双子なのですが、常にケンカをしていて、ほかの子どものケアもままならない状態でした。経営者である夫とは意見がなかなか合わず、子育てに関していつもぶつかり合っていました。

そんなとき、はじめてホ・オポノポノのクラスを受けました。ウニヒピリの存在を学びましたが、そのような存在が自分の中にいるということ、自分の一部であるということに、正直言って当時、実感はわきませんでした。しかし、もしもそれが自分の一部であって、その存在が抱え込んでいる記憶が、私が体験するあらゆる問題の原因なのだとしたら、このプロセスに取り組む価値はある！　と思い、そこから1年間、誰にもこのことを言わずに、実践してみることにしました。

まず、朝家族がまだ目を覚ます前に起きて、クラスで実践した12のステップを読むことから始まり、一日を通し、4つの言葉や好きなクリーニングツールを使ってクリーニングしました。

3か月してすぐに、これが実際にホ・オポノポノのおかげなのかはわかりませんでしたが、双子の関係がだいぶ穏やかになったことに気づきました。もちろんまだまだケンカをしてはいたので、もしかしたら状況は変わっていなかったかもしれませんが、物事を受けとめる自分の在り方がとても優しくなっているということは事実でした。

とにかく1年間は、ホ・オポノポノがどう自分の人生に変化を与えているのか分析家になるのではなく、それを実践する実験家にコミットしてみました。

たとえば、子どもたちはこれからもっと暴れん坊に、言うことを聞かないように育っていくのではないか。夫との関係もこれ以上には良くならないのではないだろうか、いつか私は満たされず、不幸な人生を送るのではないだろうか――などなど、未来に思いを馳せながら、今が不幸になってくるような感覚、みなさんにもありませんか？

そんなときに、私はクリーニングを実践してみました。今ここにある、不安、悲しみ、言葉にならないいろんな思いに自分がいると気づいた瞬間に、「愛しています」を繰り返しました。家にいても、車に乗っていても、夫と話していても。そのようなゆるやかな時間の流れの中で、子どもが子どもとして役割を発揮し始めたり、夫は今までとは違う方法で子育てに参加してくれたりするようになっていきました。

ウニヒピリが罪悪感から解き放たれる

子どもは本当に自分の中の記憶を見せてくれます。私はもともと神経質で心配性、子どもたちの健康や生活が心配でたまらない性質でした。そんな私にホ・オポノポノは実に有効だったのです。

クリーニングは物事にどう対処するかということよりも、自分の内側に本来の流れが戻ることによって、私だけではない、本来自由な存在であるそれぞれが、自分たちの道を見つけていくという多角的なプロセスなんです。

私が子どもに対して感じている不満や期待を感じたときに、自分の内側でクリーニングすることで、子どもは記憶から解放され、徐々に本当の自分を取り戻していく、そういうプロセスです。

そんなときに自分のウニヒピリの存在を強く感じることが起きました。親になると罪悪感を感じることを、自分の内側からも外からも体験することが多くなります。何か楽しいことをしているだけで、ちゃんと母親になっているんだろうか。悪い親だと夫から思われているのではないだろうか、というような気持ちになってきます。その気持ちをクリーニングすることで、自分のウニヒピリが罪悪感から解き放たれ、私に愛され、ケアされていることこそが、すべてに調和をもたらすのだと気づきました。

クリーニングを始めて6〜7年経った頃でしょうか、娘の一人にこう言われました。「ママがどんなふうに変わったのか、それとも自分たちが大人になったのかよくわからないけれど、ママと旅行に行くのがとても楽しくなった。昔よりもリラックスしていて、怖くないから、私たちもリラックスできて、楽しい」と。

私もその頃には、大家族の旅行が重いタスクではなくなっていました。家族の思い出を単純に創作できる、素晴らしい時間として、自分はリラックスしていました。そして、今まで起きていたトラブルは消えていきました。

私のウニヒピリが長い間望んでいたこと

社会的に男性が外で働き、女性が専業主婦をしているという家庭はたくさんあると思います。私はこれを長年してきたわけですが、いろんな感情が今まで生まれてきました。劣等感や罪悪感、自己嫌悪、自己憐憫、言葉にならないあれこれがあります。そんなときにホ・オポノポノに出会って、「私の仕事は家事ではないんだ、クリーニングなんだ」と覚悟が決まったときから、私の中で、本当に自由に人生を生きる流れが始まった気がします。

家事を通してクリーニングしている、育児を通してクリーニングしている、夫との問題を通してクリーニングしている、義理の家族との問題を通してクリーニングしている。

そうすると、どんなときも中心が自分に戻ります。私は気づきました。私が求めていたもの、私のウニヒピリが長い間望んでいたことはこれだ、自分を人生の中心に戻してあげることだったんだ、という深い気づきでした。

この気づきによって、私はより深く、しかし自由に家族と関われるようになれました。友人ともっと軽やかに接することができるようになりました。私にとっては本当に恵みに満ちた17年でした。そして、今新たな生活に入り、私がクリーニングを通して、どんな自分を開かせていくのか本当に楽しみにしています。

今、もしもあなたが自分がやっていることに疑問を持っていたり、自信を失っているとしたら、まずは自分の役割はクリーニング、と決めて責任を取り始めてください。私がクリーニングすることに責任を持つ、と決めてから、夫は本当に変わりました。私を社会における尊敬するパートナーとして扱ってくれるようになりました。

すべては私なんです。お金をかせがないと価値がない、働かないと価値がない、と扱ってきたのは自分、自分が長く持ち続けてきた記憶です。これが消去されたとき、人も場所もみなが自分を価値あるものとして扱ってくれるようになります。それは私から始めることなのです。

考えている暇があったらその瞬間にクリーニング

よくどんなときにクリーニングすればいいですか？　という質問を受けます。私のように、なんでもきちんとしたい、心配性で物事を正しく処理したいという人であればあるほど、こんな質問が出てくると思います。

だから、あえて私の体験から言わせてもらうとすれば、もういつでも！　考えている暇があったらその瞬間や、朝と時間を決めてもいいし、まずはそこから始めればいいと思います。

そうすることで、自分にとって最適な流れの中で、一つひとつこだわりなどの記憶が先にほどけて、その後にはクリーニングの結果、もっと自由な流れでクリーニングができるようになっていくと思います。

変な表現ですが、「うまくクリーニングができない」という体験でさえ、記憶です。

クリーニングにうまいも下手もありません。ただ実践すれば、あとは流れができるのです。

私のように神経質な人は、ぜひ、朝と夜だけでもいいので、とにかく始めてみてはいかがでしょうか。本当に貴重な体験になると思います。初めて自分の人生だと実感できると思います。ルールはないのですから、結果だけがあなたの目に入るようになるでしょう。

クリーニングによって開かれた役割

私は今年から、夫との二人暮らしが始まりました。これまで7人の子どもたちと暮らしてきたので、二人暮らしになって、長く暮らした家を売り、小さなマンションに引っ越したのです。

子どもたちが巣立つ前に、彼とのことをクリーニングし続けたことはこの自然な流れの中でとても大きな助けになったと思います。日々出てくる、孤独感、いらだち、依存の気持ち、執着心などいろいろです。

まさか、数十年ぶりの二人暮らしがここまで楽しく、新婚気分を味わえるだなんて、誰も予想していなかったと思います。これは、私がホ・オポノポノと出会ってから、まずは朝だけ、そして、日々少しずつ毎瞬クリーニングするようになった結果です。夫婦それぞれお互いのウニヒピリが安心を取り戻せる環境を自分で作り出せた結果です。

クリーニングは、今、結婚生活を開始し始めた子どもたちとの関わりの中でも大変役立っています。彼らの生活を見ていると、やっぱり少し神経質な私はいろいろと口を出したくなります。自分の経験と照らし合わせて、良かれと思ってついつい、口をはさみたくなるのです。

でも、そんなときこそ、一歩立ち止まります。今話そうとしているのは、私かしら？　それとも記憶かしら？　これは真剣に点検すべきものです。もしも、私が記憶から話すのであれば、私のあらゆる結婚に関する記憶を彼らにおすそ分けしてしまうことになるのですから。誰も自分の娘や息子が結婚生活で苦しんでほしいとは望まないですよね。

ですから、そういうときこそ、一歩立ち止まって、まず口にチャックをして、クリーニングしてみます。そうすると、だいたい、私の心はまずは落ち着いていきます。どうしても伝えたいことがある場合はもちろん伝えますが、クリーニングすると本当にそういう機会はなくなりますね。または言いたかったことをまったく違う方法で伝えて、彼らから感謝さえされます。

彼らは完璧な存在、若かろうとなんだろうと、それぞれの存在が本来何をすればいいのか知っているのです。ですから、私はまずは私の判断をクリーニングします。そうすると、彼らは自分たちにとってベストな道を見つけます。

そして、孫という存在も私の人生にあらわれ始めたわけですが、ここでも私がすべきことはただ一つ、うれしさもいらだちも、すべて私の記憶ですから、クリーニングします。そこで、私に新しく加わった祖母という立場、役割がはじめて正しく表現できます。それは私にとっては、最高にクリエイティブなことですよね。私の頭が作り出したイメージでも、社会が作り出したものでもない、クリーニングによって開かれた役割ですから、本当に幸せでわくわくするし、飽きることはありません。

私と私のウニヒピリの間で
愛を取り戻した瞬間から、
自然と自分が導かれた場所こそが
本来私たちがいる場所なのです

ネロ・チェッコンさん

SITHホ・オポノポノ講師
ベローナ市裁判所アドバイザー
元アクセンチュアスーパーバイザー
ホ・オポノポノ歴9年。イタリア在住
【家族】妻と子ども3人

私はエンジニアとして長いこと企業で働き、企業間裁判の際の、アドバイザーとしてベローナ市裁判所にも勤めていました。そこで長いこと働く間、収入は安定し、社会からも評価されていましたが、さまざまなストレスにさらされていました。

エンジニアの昇進は、世間で想像される以上の競争がつきまといます。子どもが3人いますが、妻と子どもを残して月に何度も出張に出るので、夫婦間をはじめ、家族間でも溝ができ始め、自分の人生につきまとうストレスは想像以上に大きなものでした。

その当時、仕事とは別にほかのスピリチュアルワークの講師をしていました。そこで出会ったある女性が、対面せずに精神病患者を治療したというインターネットで広まったヒューレン博士の話を教えてくれました。そこで、アイルランドで開催されたヒューレン博士のクラスを受け、ＳＩＴＨホ・オポノポノと出会い、ウニヒピリの存在を知り、自分が求めていたのはこれだ！　と気づきました。

朝、ウニヒピリに話しかけるだけで状況が変化

自分の内面を扱うだけで、状況に変化を起こせるというホ・オポノポノのプロセスは、当時苦しんでいた不眠症にすぐさま変化を起こしてくれました。寝る前にクラスで習った12のステップを読み、ウニヒピリに話しかけるようにしただけで、朝、起きるとすっきりしている自分に気づき始めました。

そこから、通勤時間にもウニヒピリに話しかけるようにしていきました。当時、関わりづらいと感じていた同僚を思い出し、自分のウニヒピリをまるで、愚痴につきあってくれる気さくな友達のようにして話しかけました。

「あいつ、いつも俺の失敗を待つかのように意地悪な顔でこちらを見てるんだよな。あいさつしても無視されるし、一緒に仕事がしにくいよ。一緒にこのことをクリーニングしてくれるかい？」

このように、会社でストレスに感じていることを素直に、朝、ウニヒピリに話しかけるだけで、その日一日、なんの問題もないとはいきませんが、驚くほどそのことに気をとられず、仕事終わりに今まで以上に疲労を感じることがなくなっていきました。自分自身をただ扱っていくだけ、それだけで、周りが実際に変化したのか、それとも自分の何かが変わったのかはわかりませんが、徐々に状況は改善されました。

どの体験も自分の内側にいるもう一人の自分が見せている

その後、今の自分になるまでの流れは本当にスムーズなものでした。裁判所のアドバイザーは今も続けていますが、講師として働くことがメインで、自宅で働くことができます。夢が夢として自分の前にあらわれる前に、次に起きることが、自分にとってもっとパーフェクトなことである、という現実に変化したのです。

裁判とは、どんなに静かに進行されていても、本来感情のぶつけ合いの場です。ストレスが大きい場ですが、事前にクリーニングすればするほど、仕事をしている最中、自分のウニヒピリに話しかければ話しかけるほど、穏やかな流れに変化します。バランスとハーモニーに満ち、解決が驚くほど早くあらわれます。

逆に、それまでは比較的温厚に進行していた案件が、予想外のポイントで難航して、そのとき自分のクリーニングと仕事に集中していくと、機械に欠陥を見つけるように原因が明らかになります。それが未来に起き得た大きな事故を防ぐことにつながりました。このようなこともどんどん増えていったのです。

このような体験をすればするほど、私たちはいかに、この宇宙の流れ、カルマと呼ばれる、今関わっているすべての物事があるべき場所に戻っていくための流れに抵抗して、今まで仕事をしてきたのか、よくわかるようになりました。抵抗することで、表面的には敵が少なく、人生をそつなくこなす自分でいましたが、一方でストレスがとても大きいのは、大きな流れ、自分のウニヒピリが見せてくれる人生の基礎を作っている膨大な記憶を無視し膨らまし続けているからだということに、合点がいくようになりました。

私は大企業の中で生きていくためにはその仕組みの中でいかに生産性を上げ、自分の価値を上げていくかが大切なことなのかよく理解しているつもりです。

しかし、そのうえで、ホ・オポノポノと出会い、自分の内なる働きに出会ったことで――つまりこの体験も、自分の内側にいるもう一人の自分が見せてくれていることなのだと気づいたとき、その大企業という価値観でさえ、私が源であるということを知りました。

そこからは疎外感を感じることもなく、ただただ自分が体験する日々のことに集中できるようになりました。もちろん、私の口座に直接流れることがないお金、私が仕事上で関わることになった予算、売上や、実際に会ったことはない取引先の会社の社長に関してさえ、何かふと思うことがあれば、それを自分の体験としてクリーニングしました。

そうやっていくうちに、会社の中でただ擦り切れていく一社員というあり方から、自分の命の中でこの会社で働く記憶があり、その中で自分の記憶をクリーニングしていくという立場に変わっていき、人生が自然と開いていきました。

ウニヒピリをコントロールしない

これはストレスを感じている社会人には本当に効果的なワークであるという実感があります。私は子どもの頃から、そして、学生、社会人になってからも理数系の世界で生きてきました。ですから、初めてクラスに参加したときは、大きな驚きではありましたが、すべての責任がすべて自分の内側にあるという考え方ははっきり言って、受け入れがたいものでした。

クラスに参加している間、背中が痛くなったりと抵抗もありました。頭では理解できないものを身体と心でどうにか吸収しようとがんばっていたのだと思います。それでも、やはりどこかでこのプロセスに内側から「知っている、知っている」という反応があったので、続けました。

しかし、そこからウニヒピリが内なるもう一人の自分であると実感するにはおそらく2年はかかったと思います。本当に徐々に、ベイビーステップという言葉にふさわしい速度で、私はクリーニングを続けていきました。

そして、すべての自分の体験、反応がウニヒピリからくるものなんだという気づきを得たあとでも、私は何も支配しようとはしませんでした。どうしてもホ・オポノポノを、そしてウニヒピリの存在を頭で理解しようとすると、期待があらわれ、ウニヒピリをコントロールしようとします。

私はウニヒピリとまるで初めて出会った者という謙虚な気持ちと同時に、実は生まれたときから必要不可欠な存在同士であったのだという感謝から、ただただその存在を確認している、そんな関わり方をし続けました。

すると次第に、ふとした瞬間に「今がクリーニングのチャンスだよ」とウニヒピリが教えてくれることが増えていきました。自分の頭では、自分にとって不都合なことが起きたと感じたときでさえ、周りを責めそうになる前に、まずウニヒピリに対して「愛しています」と伝え、「これをクリーニングするのを手伝ってくれるかい？」と質問するようになりました。

その過程で、自分にとってとても優しくなっていることがいちばん大きな変化でした。会社や同僚、家族からの評価によって自己価値を決めるのではなく、本当に自分をいたわり、自分がしたいことをすることに抵抗がなくなっていきました。それに同調するかのように、周りからのサポートも実際に感じることがどんどん増えていったのです。

ウニヒピリの存在なしには本来何もできない

今はホ・オポノポノ講師の傍ら、裁判所アドバイザーとして、本当の自分を生かした生活をしています。

日常生活で私たちは「ありがとう」という言葉を使いますが、自分自身には一日にどのくらい言っているでしょうか？　一日を通して、何も貢献できていない、大したことはできていないのに、自分にありがとうと言うことに抵抗があるという人も、自分のウニヒピリに対してであればどうでしょうか？

私たちはウニヒピリの存在なしには本来何もできないのです。息をすることも、何かを見て、楽しい、美しいと感じることも、必要なときに危険を感じることも生きることには必要な能力であり、それはすべてウニヒピリが体験させてくれていることです。ですから、私たちは内なる子どもであるウニヒピリに「ありがとう」と言うのです。

この習慣が日々のクリーニングプロセスを画期的に変化させるはずです。自分が人生の中心に戻ってくることを感じ始めることでしょう。

多くの人がこう言います。

「自分らしく生きたい」「自分が本当にしたいことをして生きていきたい」

でも、私たちの中に本来もともとある愛が表現されている状態であれば、それを生きるようになっているのが私たちなのです。それが表現される場所は、私たちの頭が選ぶ場所ではなくとも、自然とそこにいることができます。それは企業かもしれませんし、家庭かもしれない、ヨガスタジオかもしれないし、裁判所かもしれない。すべて私と私のウニヒピリとの間で愛を取り戻した瞬間から、自然と自分が導かれた場所こそが、本来私たちがいる場所なのです。

株式市場、資本主義の最前線であるその場所も本来愛からつくられた場所です。そこで一体どんな問題が起きようと、誰かがそこで愛を取り戻せば、それが必ず鍵になります。

そんなきれい事、と悲しく笑いたくなるその体験は、あなた、そして私の中の記憶です。それをクリーニングしていくことでしか、あなたの歴史を変えることはできません。愛が鍵ですし、愛があなたを動かしたとき、世界も変化します。愛の中で人は最大の才能を発揮します。それは他人の才能にさえ光を照らします。

自分の才能を完全に発揮する場所はこの世界に必ずあります。まるで空の星がそれぞれの場所で瞬き、それぞれ輝き方が異なるように。クリーニングによって、自分を取り戻す過程でその場所、方法を取り戻しましょう。

自分の命が向かうべき方向へ

私たちは社会でしばしば他との競争を体験します。しかし、本来、幸せになるための競争があるとすれば、自分と向き合う中で出てくるいろいろな感情をクリーニングするかしないか、その葛藤なのです。自分が成功を追うのではなく、成功があなたを追うようになるでしょう。それはすべて、あなたの中で起きていることが外で起きるからなのです。その流れが、自分の命が向かうべき方向だということが次第にはっきりしてくるはずです。

今、あなたがいる場所にあなたがどんな愛を持っているのか見てみてください。そこからクリーニングして、あなたの愛が向かう先に向かって、ウニヒピリと旅を始めてみてください。私もその旅の真っ最中です。本当にありがとうございます。

ウニヒピリとわたしアンケート

1

辛酸なめ子さん

漫画家／コラムニスト

ホ・オポノポノを何で知り、いつから始めましたか？

知ったのは2011年頃。書店で本を見かけました。

そのあとKRさんの講演会に行ったり、インタビューする機会に恵まれました。

ホ・オポノポノを実践する中、ウニヒピリの存在を自分の中にすぐに自覚できましたか？

なかなかできませんでした。でも、まず、自分の年齢をクリーニングし、「〇歳だから何をしなければならない」という記憶から自由になることが大切、というお話が心に刺さりました。自分の中に少女がいると思うだけでアンチエイジングになりそうです。

はじめてウニヒピリとコンタクトがとれた出来事（ウニヒピリからの反応）は？

コンタクトは実感できていないのですが、自分をつい抑えたり、仕事を優先してばかりいたので、心の底で休み

たいとか、自然のあるところに行きたい、という思いがわいたら、ウニヒピリの声だと思ってできるかぎり従うようにしています。

どういうとき、どのようにウニヒピリに話しかけますか？

なんとなく淋しさとか不安を感じたとき。

あなたにとってウニヒピリとはどのような存在ですか？

実際の子どもがいないので、目に見えない子どもみたいな存在です。

ウニヒピリと一緒にクリーニングするときに使う、お気に入りのクリーニングツールは？

「アイスブルー」は、闘病していた母に教えたら、実践してくれていました。今はもう天に召されてしまいましたが、ホ・オポノポノの本は私よりも熟読していたと思います。

これからホ・オポノポノを始める読者のみなさんへ、メッセージをお願いいたします。

ハワイに限らず、クリーニングは人類共通の課題だと思いますので、ぜひ自分の内側を浄めてみてください。直感力が高まってくると思います。

しんさんなめこ◎漫画家、コラムニスト。1974年8月29日埼玉県生まれ。武蔵野美術大学短期大学部グラフィックデザイン専攻卒業。本名「池松江美」とペンネーム「辛酸なめ子」両方で、漫画、エッセイ、小説、アート作品（秘宝グッズ）、ポエトリー・リーディングなど、さまざまなメディアで作品を発表している。テレビでも活躍中。近著に『なめ単』（朝日新聞出版）、『諸行無常のワイドショー』（ぶんか社）など。

ウニヒピリとわたしアンケート

2

早坂香須子さん

ビューティーディレクター／メイクアップアーティスト

ホ・オポノポノを何で知り、いつから始めましたか？

精神異常犯罪者専門のハワイ州立病院精神科医スタッフとして働いていたヒューレン博士が、セルフクリーニングで患者さん全員を退院させたという逸話をハワイの友人から聞いたのが、ホ・オポノポノとの出会い。

その後、道端ジェシカさん

に日本の書籍をいくつか紹介されて、ヒューレン博士の本を購入し、スタートしました。

ホ・オポノポノを実践する中、ウニヒピリの存在を自分の中にすぐに自覚できましたか？

「小さな自分」と話すことは、子どもの頃からやっていたことなので、「ウニヒピリ」の存在に気づくことは、何か懐かしい感覚でした。

はじめてウニヒピリとコンタクトがとれた出来事（ウニヒピリからの反応）は？

仕事が続いて疲れていたときになんとなくクリーニングしていたら、ふと「海に行きたいな」という心の声が。

疲れてるし、せっかくの休みは家でのんびりしたい……と思ったけれど、心の声（ウニヒピリ）に従ってエイッと電車に乗って海に行ってみたら、海風がとっても心地よく、深くリラックスし、心と体のリセットができました。

翌日からはリフレッシュして仕事に取り組むことができ、「海に行きたいって教えてくれてありがとう」とウニヒピリに感謝がわいてきました。ウニヒピリからも「私の声を聞いてくれてありがとう」と言われた気がしています。

それからというもの、ふと聞こえる心の声を無視しないことに。

そうすると、不思議と人生もスムーズに回るようです。

ウニヒピリとわたしアンケート

どういうとき、どのようにウニヒピリに話しかけますか？

小さいことでも、大きなことでも、決断するときに。

あとは、迷ったときかな？

あなたにとってウニヒピリとはどのような存在ですか？

お茶目な愛らしい小さな自分です。

ウニヒピリと一緒にクリーニングするときに使う、お気に入りのクリーニングツールは？

メイクブラシ。ＫＲ女史にお会いしたときに、私のツールだと教えていただきました。

これからホ・オポノポノを始める読者のみなさんへ、メッセージをお願いいたします。

持って生まれた本当の私らしさを生かして、生きたい人生を生きること。

始めてから、どんどん自分を好きになる。

それが私にとってのＳＩＴＨホ・オポノポノ。

みんながこんなふうに生きられたら、きっと世界は平和になると思います。

はやさかかずこ◎ビューティーディレクター、メイクアップアーティスト。看護師として大学病院に勤務した後、メイクアシスタントを経て1999年に独立。インナービューティー、オーガニックにも精通しており、近年ではメイクの枠にとらわれることなく多岐にわたりビューティーの提案をしている。2013年にはAEAJ公認アロマテラピーインストラクターの資格を習得。著書に『YOU ARE SO BEAUTIFUL』(カエルム)。

3

市川土筆さん

ヘアメイクアーティスト

ホ・オポノポノを何で知り、いつから始めましたか？

書籍『みんなが幸せになるホ・オポノポノ』で知り、2009年9月から始めました。

ホ・オポノポノを実践する中、ウニヒピリの存在を自分の中にすぐに自覚できましたか？

2009年12月のクラスに出て自覚しました。

はじめてウニヒピリとコンタクトがとれた出来事（ウニヒピリからの反応）は？

すべてのことがうまくいかなくなったときには、迷い、怖れが光を遮り続けていましたが、一つひとつクリーニン

ウニヒピリとわたしアンケート

グしていく中、考えや判断はなくなり、穏やかさと安心を持った風景は今までと変わらぬもので、ウニヒピリは私の居場所をちゃ～んと選んでいてくれていたんだな～と実感します。

どういうとき、どのようにウニヒピリに話しかけますか？

何かに夢中になっていると感じたときには、今どんな気持ち？　クリーニングすることはある？　と話しかけ、カットやメイクをするときには、どこからどのようにしていくかを話し進めていきます。

あなたにとってウニヒピリとはどのような存在ですか？

安心感と私らしくいさせてくれる大切な存在です。

ウニヒピリと一緒にクリーニングするときに使う、お気に入りのクリーニングツールは？

お気に入りというものはとくにありませんが、クラスで使うＴｏｏｌ Ｍｅｎｕに描いてある絵と色をウニヒピリが私に毎瞬見せてくれるので、一緒にクリーニングしています。

これからホ・オポノポノを始める読者のみなさんへ、メッセージをお願いいたします。

クラスに参加することをお勧めいたします。

いちかわつくし◎ヘアメイクアーティスト。自宅、店舗等でのヘアメイク「ORIGIN」主催。1968年、愛知県生まれ。渡辺サブロオ氏に師事し、1992年よりフリーとして活動。1994年、パリ、ニューヨークに拠点を移したのち、1996年に帰国し、日本にて活動する。
http://nijitonoboru.blog.fc2.com/

CHAPTER 4

平良アイリーンさんに聞く 結婚とウニヒピリ

たいらあいりーん◎1983年、東京都生まれ。明治学院大学文学部卒業。SITHホ・オポノポノアジア事務局でホ・オポノポノの広報を務めながら、ホ・オポノポノ関連の本の執筆や翻訳を手掛けるなど活躍中。大好きなクリーニングツールはHA呼吸法とアイスブルー。著書に『アロハ！ヒューレン博士とホ・オポノポノの言葉』『ウニヒピリ』（ともにサンマーク出版）がある。
http://irenetaira.wordpress.com/

ホ・オポノポノの広報に従事している平良アイリーンさんは、2014年の1月にご結婚され、生活の拠点を台湾に移しました。

「結婚は人生最大のクリーニングのチャンス」というヒューレン博士の言葉が、印象に残っていたというアイリーンさん。

新しい土地、新しい家族、新しい文化……。

博士の言葉どおり、台湾での生活はクリーニングすべきことの連続！

まさにウニヒピリとの新たな二人三脚の始まりだったそう。

ウニヒピリと一緒にどんな結婚生活を送っているのでしょうか。

たくさんの気づきがもらえるお話です。

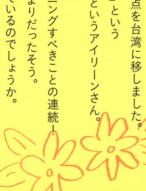

今いる場所で
本当の自分を生きる

台湾での生活、新しい家族

ウニヒピリが選んだ場所、台湾

台湾での暮らしが始まって1年半が経つのですが、今も全然なじんでいないんですよ（笑）。逆に、これだけいろいろ感情が反応させられる場所にいるというのは、ウニヒピリは私をわざわざ結婚させてまで、クリーニングするのに最高の場所として台湾を選んだのだなと感じています。

「ああ、こんなにハッピーに過ごせない場所にいるなんて不幸！」と頭で思ったりすることもあって、そうなるともうクリーニングするしかありません。でも、そうしていくと、次々と予想していなかったような良い現実が起きてくるんです！

たとえば、義理の家族に対するいろんな思いをクリーニングすると、彼らの人格が突然変わるということは起きてないけれど、一見関係ないような仕事面で到底できないと思っていたことができたりします。

私の思考では、仕事のことは仕事のことで努力しないと変化が起きない。家族のことは家族のことで考えないとうまくやれないと思います。でも、ホ・オポノポノの考

えはそうではありません。ウニヒピリはみんなつながっていますから、私が義理の家族とのことをクリーニングすることで、ほかのところに変化が起きるのは自然なことなんですね。そういう変化を最近、とても感じるようになりました。

ついつい台湾と日本とを比べてしまうし、台湾に対しては次々にいろんな思いが出てきます。「なんでこんなにしょっちゅう道が混んでるんだ」とか、「朝から騒音がうるさいな」とか、「歩道が汚い」とか、ほんとにひどい言葉を心の中で投げつけてしまってるんです。以前の私だったら、住んでる場所をそんなふうに言っちゃダメって、本音を封印していました。でも、いずれ溜め込んだものは出てきますから、今はそれを最低限ウニヒピリには隠さず、その感情に向けてクリーニングします。

実はクリーニングすればするほど、こんなに私がリラックスして安全に暮らしていられる場所はないというくらい、実際居心地が良く、平和でいられるんです。台湾という土地になじんでるというわけではないけれど、今、自分がいるべき場所として「オッケー！」と心から思えます。

だから、心が落ち着いたときは、「台湾さん、いつもとんでもない言葉を吐いてごめんね」と謝って、クリーニングしています。

ウニヒピリにウソはない

結婚して間もない頃を振り返ると、私は義理の両親の前でだいぶ無理をしていたと思います。すごく大切にしてくれるので、それに応えたい、良い嫁でいたいって思っていたんです。はじめから決して良い嫁ではなかったんですけど、優しくありたいという気持ちがすごく強くて、そういうふうに振る舞ったり、優しい言葉をかけたりしていました。

私たちの頭の中で、「優しくいる」って100%いいことですよね。「誰に対しても優しくしましょう」と、小さな頃から人としての基本中の基本みたいな感じで耳にタコができるくらい言われてると思います。

でも、ウニヒピリが本当に何を表現したいかはわかりません。

しばらくの間は、義両親は私を「優しくて好きだ」と言ってくれましたし、私も「お二人が好きですよ」と言っていました。でも私は、それがだんだんイヤになってしまったんです。お二人が嫌いではないんですよ。でもどうにも自分が居心地悪くて、せっかく距離を縮めたのに、「頑固なお父さん、神経質なお母さん」ってお二人の性格をジャッジし始めたり、会うのがイヤになってしまったり……。でもそれって、ほんとはぜんぶ私の中の記憶ですよね。義両親は何も悪くないんです。一方的に自分が一人でいろいろ思って、考えてぐしゃぐしゃになってしまったんですね。

ヒューレン博士から聞いた言葉で印象に残っているものの一つに、「ウニヒピリにウソはない」という言葉があります。ウニヒピリは、もう絶対ウソをつかないのだそうです。

つまり、ウニヒピリは真実を見せてくれているのに、私たちのウハネ（表面意識）は都合よくいろんなことを言ったり、したりできてしまいます。すると、ウニヒピリとの間に時差やギャップが生まれて、自分の身体の中でモヤモヤとした感情が起こって、どんどん苦しくなってしまうんです。

ぐしゃぐしゃの気持ちを抱えてしまった私は、「義理の両親の期待を裏切らない、優しい嫁でいたいと思うこの体験を一緒にクリーニングしてください」とウニヒピリにお手伝いを頼むことにしました。それからは、ひたすらクリーニングです。

台湾で暮らすようになってから、日本の家族との関係は以前より良くなっている気がします。私が台湾の家族への抵抗を手放して、クリーニングしていけばいくほど両方の家族がみんな幸せに機能し始めている気がします。

離れていても一緒にいても関係なくて、私の内なる家族、つまり3つのセルフ（意識／P35）の平和がすべてなんだなと本当に思います。

私が現実でそれぞれの家族に対して「こうしなきゃ」と、頭で考えて動き回るより、今いるこの場所で、私のウニヒピリがまず平和と安心を取り戻して、3つのセルフのインナーバランスが整えば整うほど、台湾の家族も日本の家族も、みんなそれぞれの才能を生かして楽しそうに生きているんです。やっぱりどこで誰といても、いつでも本当の自分に戻ることが大切なのですね。

「私と一緒にいて、クリーニングすべきことを一緒に実践してね」

台湾の方たちは、家族の結束がとても強いと感じます。親戚一同がしょっちゅう集まって、夕食会を開いたりもするんです。

日本の家族と夫と。相手は完璧な存在で、自分がホ・オポノポノをすればいいだけという基本に戻れば、どこにいても、誰と会ってもベストな道を思い出します。

私の日本の家族は、母と弟と私の3人だけでしたから、嫁ぎ先の台湾の大家族を目の当たりにして、当初はうわーっとなりました。しかも、みなさんとてもエレガントなんですね。「このムードは私らしくないな」と思ったときもありましたけど、私が見ているものはウニヒピリが見せてくれる私の記憶の一部ですよね。だから、「ああ緊張する」とか「早くお開きにならないかな」とか、素直に感じることをその場その場でクリーニングするようにしています。

そして、集まりに行く前は、必ずウニヒピリにいっぱい話しかけています。「今日はいよいよ夕食会だよ」とか、「私と一緒にいて、クリーニングすべきことを一緒に実践してね」と言うようにしています。

家族の一人ひとりに対しても、お父さんに感じてること、お母さんに感じてること、夫の妹に感じてること、おばさんに感じてること、おじさんに感じてることとそれぞれを、できる限りクリーニングしていきます。

ちゃんと椅子に座って一つひとつのことをクリーニングしているわけではなくて、出かける前にバタバタしながらやってるんですが、するとしないとでは大違いです。

実際お会いしたとき、相手も私も肩の力が抜けてるなって感じられたり、おいしいものが続々と運ばれてきて、普通に楽しく過ごせたりする時間が確実に増えるんですね。

相手はもともと完璧な存在です。何か問題が起こったり、イヤな気持ちを抱いたりするとしたら、それは私が記憶をおみやげのように持っていて、相手に広げて見せているようなものだと思うんです。あらかじめクリーニングしてから出かけることで、相手のいろんな面がどんどん見えてくるようになりました。

本質を知って、愛でつながる

家族との夕食会では、こんなこともありました。義理の妹と会話をしていたときのことです。

義理の妹は、私の感情のスイッチをぐいぐい押してくるタイプの子なんです。だから彼女と話をしていると、私はすぐに引き込まれてその記憶に飲み込まれてしまうんですね。

そのときのお話の内容が、誰かに対するねたみだったり、怒りだったりというときもあります。もしクリーニングをせずに、ただその話を聞いていたとしたら、「義妹はそういうこと言う子なんだ」とか「愚痴っぽいんだ」で終わってしまうことがほとんどです。本当は義妹が言っていることも自分の記憶なのに、そんなことも忘れて「この子はこういう子なんだ」という上っ面の認識のままで、記憶の渦にどんどん二人で巻き込まれてしまうんです。

でも、事前にウニヒピリに話しかけておくと、ふとウニヒピリのほうから、「この子が本当に表現したいのは、さみしいってことだよね」と言ってきたりするんです。違う声が聞こえるというよりは、「あ、そういうことなんだ」って自分がふと気づく感じです。そのおかげで、関係がスムーズになることがよくあります。

本質みたいなものを知ることで、自分の中の優しさが戻ってきて、愛でつながることができるんですね。

逆に、すごく仲良しと思っている友達と一緒にいるときに、「なんか違うな」と思うようなこともあります。それもウニヒピリの声です。

そこで、ただただその声に従うのではなくて、その気持ちに向けてクリーニングしていくと、ちょっと友達に対して無理していた自分に気づいたりします。それから、その友達と会う時間やメールの回数を少し減らしてみたりすると、良い距離間に戻ったり。

ウニヒピリに自分から、わざとらしくても、意識的に話しかけることを続けていくと、そういう機会が増えてきて、「ああ、うれしいな」って純粋に思います。

人間関係は、私はまだまだクリーニングが必要だと思うのですが、徐々に、相手の本当の気持ちに繊細に気づけるようになってきました。

今、目の前にあることが最重要事項。それをいつもクリーニングしていたら、意識も世界も実際に広がっていきました。

夫婦関係

“好き”をクリーニング

結婚してから台湾に生活の拠点を移したのですが、それまでも台湾には仕事でよく行っていました。仕事で行っているときは、全然イヤじゃなかったんです。むしろ、好きでした。人々がみんなリラックスしてて、フレンドリーなところがいいなと思っていました。

ただ、ヒューレン博士から、「“好き”と思う気持ちは、とにかくクリーニングしてください」と言われていたんですね。対象は、人でも場所でもなんでもです。はじめはそれが難しかった。「好きな気持ちの何をクリーニングすればいいの？」と思いました。でも今はすごくわかります。

私は夫のすごく誠実でまじめなところが好きだと思っていたんです。今は逆にその好きな部分を「つまんない、まじめすぎて堅苦しい」みたいに思ったりするんですよ。勝手ですよね（笑）。

台湾について言えば、「気取ってなくていい」なんて思っていたくせに、傲慢にも「もっと洗練された場所に行きたい」と思ったり。

ですから、「こういうところが好き」というのがハッキリとわかっているものに対してクリーニングすることは、本当に大事だなと思います。そのほうが、関係性がどんどん開けてくるんです。

私は夫から「アイリーンはワイルドだなあ」と、いろんな場面で言われることがあります。ケンカすると、彼をどうにかねじ伏せようとしたりしますしね（笑）。でもそう言われると、自分では「繊細な部分もあるわ」とやっぱり思います。だから、夫にそう言われたら、その気持ちをクリーニングします。

私も夫に対して「この人は本当に優しい人だ」と思ったら、そこをクリーニングするんです。人にはいろんな面がありますよね。それを認めてないというか、ほんの一面しか見ないで「こういう人」って判断してることって多いと思います。もしかしたら、私は夫に対して「誠実で優しい、まじめな人であるべき」という呪いをかけているのかもしれません。そうしたら彼は本当の彼らしくいられませんよね。

でも、そこをちゃんとクリーニングすると、「好き」とか「嫌い」に留まることなく関係性がリフレッシュされて、新鮮な気持ちで相手と向き合えるんです。

結婚してからはとくに、私が体験する夫に対する気持ちをクリーニングしています。たとえば、「夫が会社でもっと高く評価されてほしい」という気持ちがわいたときは、「夫に向けて」クリーニングするのではなく、その気持ちを自分の中でクリーニングします。なんで夫を評価してもらいたいと思うのかといえば、結局、「正しく評価されていない」ということに対する、「くやしい気持ち」が私の中にあるからです。その気持ちは、私がもともと持っている感情で、夫のものではありませんよね。「くやしい」という体験をウニヒピリが私に見せてくれているからです。

夫はホ・オポノポノをもちろん知っていますが、どの程度関心を持っているか、クリーニングをしているかどうか、本当のところはわかりません。

私自身はとくに勧めてはいないんですね。でも、私がクリーニングすることで、周りは変わります。それがホ・オポノポノですから、夫がクリーニングをしても、しなくても、どっちでもいいことかなというのが正直な気持ちです。

自分を満たすことが、夫婦円満にも通じる

クリーニングを続けていると、理屈抜きで、ウニヒピリは私の魂が本当に喜ぶことを運んできてくれるようになります。

ウニヒピリは、ネガティブなことばかりを再生しているわけではないんですよね。

私はもともと泳ぐのが大好きなんです。ウニヒピリからも「泳ぎたーい」みたいな

ホ・オポノポノと出会ってウニヒピリという存在を知ったとき、素直に「それはいるだろうな」と思いました。自分の中に何かが閉じ込められているという感覚を持って生きてきたからです。

声はしょっちゅう聞こえてきます。台湾でもプールに行きますけど、家から電車に乗って行かなくてはいけないところにあるんです。忙しかったり、面倒に思ったりもして、ウニヒピリの願いを毎回聞いてあげることはできません。

あと、私は梅干しが子どもの頃から大好きなんですね。梅干しを食べると、楽しくて幸せな気持ちになれます。それなのに、何かに忙殺されていたり、悩んでいたりすると、ごはんのときに冷蔵庫に梅干しがあるとわかっているくせに、あえて食べなかったりするんです。

梅干しを食べるような簡単なことさえできない状態というのは、私はまったくウニヒピリとつながっていなくて、頭でっかちでガシガシ意識だけが膨らんでいるよっていうサインなんです。だいたいその後、とんでもないことが起きて、ハッと我に返ります。そこでウニヒピリを思い出して、「ごめんなさい」って謝って、梅干しを食べたり、泳ぎに行ったりするんです。

毎回、ウニヒピリの声に従うのは難しいかもしれませんが、今日はウニヒピリと過ごすと決めた日は、「プールに行く」と約束したら、必ず守るようにしています。

そういうときの水泳は最高です！　ウニヒピリと自分がぴったり合致して、プールにつかってるだけなのに、どんどんインスピレーションがわいて、なんとも言えない幸福感に包まれます。

ウニヒピリの見せてくれる喜びや、うれしさは、決して派手なものではないんです。自分の中の乾いた土に水がヒタ～って染みわたるような、静かなものなのですが、心の奥から本当に元気が蘇ってきます。

そういう体験を重ねていると、やっぱり物事がスムーズに運んだり、人と関わっても伸びやかに話せて仕事もうまくいったり、夫にも優しくできたりするんです。何よりも、ウニヒピリと私の信頼関係が膨らんでいきます。

本当の意味で自分をちゃんと喜びで満たしていくということが、ウニヒピリと上手につながる唯一のコツかなって最近思うようにもなりました。

夫との関係でも、それは言えます。私が夫に「週末二人でコンサートに行きたい」

「来月は旅行に行きたい」とリクエストしたとしますね。でも、私のウニヒピリは、「まず梅干しが食べたいんだよ」「プールでもっと泳ぎたいんだよ」と言っているとします。私がその声をずっと無視していたら、どんなに夫に「こういうことしようよ、ああいうことしようよ」と楽しい提案をしても、彼に私の喜びは伝わらないようなんです。

夫は優しい人だから、私の願いは叶えてくれようとするんですね。でも、なんか無理してるような、「そのアイリーンのプランはおもしろそうじゃない」と思っているような、彼の反応がスムーズじゃないなと思うことがあります。

そういうとき、私は大概ウニヒピリの気持ちを無視しているんですよ。本来、自分でしか自分を満たしてあげることはできないのに、私は、私が私にしてほしいことをして、自分を満たすということを忘れているんです。

でも、私とウニヒピリが一緒に幸せになれることを選択するようにしていると、周りも変わります。夫からも私がやりたかったこと以上に楽しいこと、たとえば「キャンプに行こう！」といったプランが飛び出したり、生活が豊かになってくるんです。

マタニティライフ

私が私でいられることが、いちばんのケア

妊娠をして、今このお腹には明らかに自分ではないアイデンティティがいると感じています。かといって、過保護に抱え込むというのではなくて、私なりに大切にはしていますけど、「あ、いるんだね」と、ただただ存在を確認している感じです。

KRさんと日光で。ウニヒピリは見ざる、言わざる、聞かざるのように大人しくしていても、全部お見通しなんですよね。クリーニングを続けていることで、ここぞというときに、ウニヒピリが大事なことを思い出させてくれるようになったのがいちばんうれしいです。

私は、どちらかというと自分本位で、自分が今したいと思うことをしていると思います。誰だってイライラするような音が鳴り響く建物の中にいたくないですよね。お腹の中の人のためにも、自分が心地よく、私らしくいられることがまず大事だなと思っています。

ヒューレン博士とKRさんに妊娠の報告をしたら、「祝福します。本当にあなた自身を生きるときが、今来ましたね。いつでも自分を忘れないで」という言葉を頂いたのですが、まさにそのとおりだなと思っています。

私が私でいることで、相手も自分でいられます。それが対人関係において、いちばんの愛です。

私が私らしくいられれば、お腹の中のこの

人も、この人らしくいられる道をつくっていけると思います。

自分が母親になったからといって、急に母親のアイデンティティを生きるのではなく、私はあくまで私自身なんですよね。「今、私は妊娠という体験をしてるんだ」というところに立つと、そこから出てくるものをクリーニングするのみだと思えます。

日本で産むのがいい、いや台湾のほうがいい、妊婦にはどんな食べ物がいい、病院はどうするとか、もういろんな知識や情報が毎日入ってきます。中には不安になるニュースもあったりしますが、「そういうことを耳に入れてはいけない」というのではなくて、すべて私が妊娠したことでウニヒピリが見せてくれている記憶だと受けとめるようにしています。

お腹の中の人と私の間には、親子じゃないと手放せないぐらいの記憶があるわけですよね。それを見せてくれているんだなという気持ちです。

そのせいか自然な選択ができているようで、すごく妊娠生活そのものがスムーズで、楽しいんです。だからといって、「妊娠って最高だよ！」とか、「妊娠、こんな神聖な体験はないよ」と言いたいのではなく、私にとっては自分の旅の一部というイメージです。そう思えることがすごくいいな、幸せだなと思っています。

ウニヒピリは頼れる存在

妊娠すると身体にいろいろ変化が起きますよね。

KRさんから教わったことで、妊娠前から身体をつかさどるウニヒピリによく話しかけてクリーニングしていたおかげで、どんな変化も今のところスムーズに受け入れられていますｏ。

妊娠したら「身体が重くなって大変だ」「あれもこれもできない」ということをよく見聞きしていましたけど、そのような変化に対する恐怖の記憶がちゃんとクリーニングされていたのかもしれません。本当に今、自由自在に、身体の変化に一緒に乗っていけていると感じで、すごく居心地がいいんです。

ほんの3日間だけ、いわゆるつわりみたいな症状を感じたことがありました。そのときも、「ああ、こんなに苦しいんだ」って、その気持ち悪さに飲み込まれてしまうのではなく、身体の一つひとつにアイデンティティがあるんだと思ったら、「身体で何か起きてるのね」と、客観的に捉えてクリーニングできました。

そうすると、その都度、「キュウリのジュースが飲みたい」というインスピレーションが与えられるなど、自分の身体にとって最適な方法を身体がちゃんと教えてくれるんです。身体をつかさどるのはウニヒピリですから、なんて頼もしいんだろうって心強くなりました。

ウニヒピリがケンカを仲裁!?

私はすごく短気で、感情的なところがあります。だから、夫と大ゲンカすると、怒りでクリーニングを思い出すまでどんどんヒートアップして、夫を猛攻撃するんですよ（笑）。でも今、全然違う人が自分の身体の中にいるでしょう。この人はこの人でちゃんと違う感情を持ってるんです。当然といえば当然ですが、この人にはこの人のウニヒピリがいるんですよね。ほんっとにおもしろい体験だなと思ったのは、夫とケンカをしていると勝手に喜びの感情を思い出させてくれるんです！

過去のデートでハッピーだったシチュエーションを具体的に思い出すとかではなく、口ではひどいことを言ってるのに、す〜っと心は平和になっていく感じです。そうなると、怒りのことは「まあ、いっか」みたいに思えたり、私が本当に表現したい気持ちは怒りより悲しみだと気づいたり、いろいろなのですが、「ごめん、ごめん。言いすぎたわ」と心穏やかになります。

夫のほうから、「アイリーンの本当に言いたいこと、今わかった気がする」と言われたこともあります。

これって、私のウニヒピリとお腹の人のウニヒピリと夫のウニヒピリとの三者の間で情報交換が行われているんだと思うんです。

よく博士が言うんです。たとえば、ディナーテーブルで楽しい会話をしている人たちがいる。でも、その机の下ではウニヒピリ同士が何を表現し合っているか、わからないって。つまり、私がどんなに怒って夫とケンカをしたとしても、私が日々ちゃんとウニヒピリのケアさえしていたら、私たちの表面意識では解決できないような方法で、ウニヒピリが問題を解決してくれるようになるということなんです。

これは夫との関係だけではなくて、家族、仕事で関わる方、友達、お店の人、たまたま一緒に電車に乗ってる人、ペット……。すべての人や物との関係で言えることだと思います。

CHAPTER 4

平良アイリーンさんに聞く
結婚とウニヒピリ

ヒューレン博士とLAにて。
「ありがとうございます」とヒューレン博士に感謝を伝えると必ずこのように言われます。
「ありがとうは、あなたのウニヒピリにまず言うんだよ」
どんなに博士が素晴らしいことを教えてくれたあとでも、クラスのあとでも、博士に感謝を伝えると、必ず「まずはあなたのウニヒピリにどんなときも感謝を伝えないとね。すべての体験は、あなたのウニヒピリが見せてくれているものなのだから」と言われるのです。

子どもが生まれたらどういう感じなのかな。ワクワクしますね。でも、ここでも今までホ・オポノポノで学んできたことを思い出し、このワクワクもクリーニングしたいです。そこから未来があるべき形で開いていってほしいです。自分が親として出会う、この新しい命に、この人はこの人の本当の道を見つけられるようにサポートするのが仕事だろうなと思います。とか言って、生まれてきたらもうテンヤワンヤで大変だと思うけど（笑）。

「こういう仕事がいい」とか、「こういう話し方をしよう」とか、「こういう友達とつきあわなきゃ」とか、自分のためと思っていろいろやってきたけど、ホ・オポノポノは「本当に大事なものは、そういうんじゃないよ」と私に教えてくれました。

ウニヒピリが見せてくれるものすべてが記憶で、そこをクリーニングして、ただただ自分らしくいることで、私自身も生きていくという喜びを取り戻している最中なんですね。

自分を見失わないでいるというのは自分にとって、いつも大事なサインなんです。子どもが生まれても今までどおりウニヒピリと一緒にクリーニングをしながら、あらゆる体験をしていくんだろうなと思います。

アイリーンさんの

クリーニングの日課

台湾の暮らしでも、仕事のある日は『はじめてのホ・オポノポノ』(宝島社)でお話ししたように日々クリーニングすることは、そんなに変わっていません。でも、結婚して家事をする時間が増えたので、今回は家庭でしているクリーニングを中心にお伝えします。

朝

ウニヒピリに「おはよう」&スケジュール確認

これは独身時代と変わりませんが、より意識的に行うようになりました。

パートナーのいる生活は、どんなに自分を強く持っていたとしても、お互い影響し合わないわけありませんよね。どこかで自分を見失ってしまったり、相手に思いっきり飲み込まれてしまったり。そうするとほんとに自分が感じている愛を相手に表現できなくなってしまうと思うんです。

ですから自分の中で、朝起きたら「ウニヒピリ、おはよう。愛してるよ」「今日一日、一緒にクリーニングお願いします」という会話をします。夫よりウニヒピリ優先です(笑)。「誰よりもウニヒピリ、あなたのことを尊重してるんだよ」って言うのを忘れないようにしています。すると、結婚し

ていようがしていまいが、「自分は自分」というところから一日がスタートできます。パートナーとも正直に関わっていけるようになって、関係がスムーズになります。

それから毎日、ほんの5分でも、ベッドから起き上がる前に今日の予定や会う人をウニヒピリと確認し合って、クリーニングする時間を持っています。

家の前の大きな木に「アイスブルー」

私のお気に入りのクリーニングツールの一つは「アイスブルー」（P73）です。

台湾の家の目の前は公園なんですけど、窓からハワイのバニアンツリーみたいなツタのからまった大きな木が見えるんです。その木に向かって毎日いろいろ話しかけています。窓越しに話しかけることもあれば、出かけるとき、玄関を出てすぐにその木があるので「アイスブルー」と言いながら触れて、「ありがとう」って言ったり。台湾での私のいろんな部分をたぶんいちばん見てくれている存在だと思うんです。

そういうふうに一つの存在と、ホ・オポノポノを通して一対一のコミュニケーションを続けていくと、本当に満たされて、親友みたいな存在がどんどん増えてくるのが楽しいんです。

日中

掃除はブルーソーラーウォーターを使って

自分の家庭を持ってから、家という空間をよくクリーニングするようになりました。

ブルーソーラーウォーター（P71）を使って拭き掃除をよくします。ケンカをしたら、自分のイライラや怒りを残さないように、家に「ごめんね」と言ったり、ブルーソーラーウォーターで壁や家具を拭いたりしてクリーニングします。

ウニヒピリと市場でお買い物

ごはん作りもしていますが、自分が食べたいものと、夫が食べたいものは違ったり、果たしてどんなものがいいかわからなくなってしまうときがあります。そんなときは、ウニヒピリに「何食べたい？」と聞いてから市場に買い物に出かけます。すると、買い物がすごく楽しいんです。ごはんを作っていても楽しいし、食卓が華やかになって、会話も弾むようなことがすごく起きるんです！

洗濯&アイロンかけ

洗濯機には、ブルーソーラーウォーターをちょっと入れてから回しています。

アイロンがけは得意じゃないんですけど、夫のワイシャツに「愛してるよ、愛してるよ」って、クリーニングの言葉を言いながらアイロンをかけています。夫は外でいろんな体験をしてきますよね、ワイシャツはそれを一緒に体験していますから、その記憶をクリーニングするんです。

夜

ウニヒピリに「おやすみ」

寝る前は、夫とテレビやDVDを観ていろいろ話をしたりすることもあります。

家の中に自分以外の人がいるというだけで、いろんな記憶が出てきますから、寝る前はいちばん最後、ベッドの中でウニヒピリにちゃんと話しかけます。「今日は忙しかったね」とか一日にあったことをさっと思い出してクリーニングしてから休みます。

何か人生がうまくいかないなと思うときは、だいたいここでお伝えしたような日々のクリーニングができていなくて、私の中でウニヒピリの存在が抹消されているときです。

でも、ちゃんとまたクリーニングをすると、水の波紋が広がるような感じで、起きるべきことがスムーズにやって来てくれます！

おわりに——KR女史インタビュー

これはあなたがあなたと向き合い、出会う旅なのです

KR

カマイリ・ラファエロヴィッチ／KR
SITHホ・オポノポノ代表、ボディーワーカー。「SITHホ・オポノポノ」の創始者・故モーナ女史の一番弟子。40年以上クリーニングを続けている。MBA（経営学マスター）やMAT（マッサージセラピストライセンス）の資格を取得。ハワイでは不動産業を営み、さらにホ・オポノポノを使った個人や経営者のコンサルタント、ボディーワーク、日本においてはホ・オポノポノの講演活動を全国で行っている。

モーナが伝えてくれたウニヒピリの存在

私が19歳でＳＩＴＨホ・オポノポノ創始者であるモーナとオアフで出会ったとき、私はそれはもうワイルドな女の子でした。

フリースピリットで、誰からの指図も受けない当時の生活に満足していた私ですが、彼女と一目会ったその瞬間に、私は彼女から何かを学ばなくてはいけないわ、という直感を得ました。それは重苦しいものではなく、理屈ではわからないけれど、未来にすっと明るい線が見えたような、でも、よく見ると細かくいくつもの点がつながっている線で、それは今自分がいる点となんの摩擦もなくつながってくれるようなものに感じました。

毎日、モーナと一緒に時を過ごしながら、瞑想をしていました。ほとんどの時間、私たちは話しませんでした。ウニヒピリの存在、つまり3つのセルフ（意識）の存在も、瞑想の中でモーナが伝えてくれました

今のＳＩＴＨホ・オポノポノの形になるものを徐々にイメージから、言葉にする作業に移っていきました。モーナは言葉をとても美しく話す女性でした。だから、同じイメージを持っていても、それを言葉に落とすのはモーナで、私にとってはそれがまるで魔法のようでした。言葉が正しく使われるとき、意識に命が宿るのを、身をもって知ることができた、とても貴重な体験でした。

ウニヒピリが見せてくれる記憶

小さい頃から、どこかへ行くたびに、たとえばペンシルベニアの有名な記念公園が

あって、そこには緑豊かな芝生が広がっているのに、ふと目を閉じると真っ赤な流血に染まった荒れた土地に囲まれ、一緒にいた家族の存在の気配も消えてしまうような、そんな体験を多くしていました。

それは自分の内なる子ども、つまりウニヒピリが私の中にある記憶を見せてくれていたわけなのですが、その存在に気づいていたので、モーナが見せてくれるインスピレーションになんの抵抗もはじめからありませんでした。

これは私が昔から特別なのだという意味ではありません。この感覚は本来誰にでもあるものです。たとえば、人と会ったとき、目の前に座っているのは、紛れもなく、た

だの若い女性、しかもきれいで笑顔で優しく自分に微笑んでいる女性です。でも、なぜか自分の反応はけっこう鋭いもので、憎しみに近いものやいらだちがあるとか、理屈じゃない、その人に向けられた自分の反応というものがあるはずです。そういうものはすべてウニヒピリがあなたに見せてくれたあなたの中の記憶です。これはホ・オポノポノがどうだとか、霊感があるとか、そういう問題ではなく、私たちが本来持っている基本的な機能です。ですから、ウニヒピリの存在を感じない人なんていないのです。

ウニヒピリは呼吸と同じ

モーナはよく呼吸を例にしてウニヒピリを説明していました。たとえば、走るとそれだけ息を多く吸い込む必要がありますよね、そして私たちはそのことを考えずに自然と大きく速く呼吸をし始めます。呼吸はあまりにも、当たり前に行っている動作の一つで、いちいち私たちはそのことを日々思ったり、感謝したり、そのことに怒ったり、考えたりしません。

ウニヒピリも同じです。あまりにもいて当たり前で、その機能もあまりにも当たり前に起こっている。近すぎる存在だから、ふだん気にとめることはありません。だから、存在に触れようとしてもわからないという反応が起こります。

よく聞かれる質問で、「今までのウニヒピリとの関わりの中で何が印象に残っていますか」というものがあります。これも今までの呼吸でいちばん良かった呼吸を覚えていないのと同じです。私にとって、「今、呼吸できているかどうか」と「今、ウニヒピリとともに日々を送っているかどうか」しか重要ではありません。ですから、今思い出した瞬間、「愛しているよ」と声をかけてあげるとか、日々の問題や体験に向けクリーニングを実践するかどうかに思いを向けたいですよね。

そういえば、一つだけ、自分からのウニヒピリへのアプローチでよく覚えていることがあります。それは私が妊娠をしたとき。私は誰よりも最初にウニヒピリのことを思い出しました。私の一部であるウニヒピリ、本当は誰よりもこの妊娠というイベントに関わっている存在です。そこで私はウニヒピリにこう話しかけました。

「私は何もわかりません。身体をつかさどっているあなたに委ねたいわ」と言って、自分を預けた感じです。そこから、病院に行こうと感じたときは病院に行ったし、必要を感じなければ、行きませんでした。食べ物も、食べたいと身体が感じるものだけを食べました。これを読んでいるみなさんにこれをお勧めしているわけでは決してありませんが、私はこのとき、ウニヒピリにとても忠実に素直になって、本当にただ委ねることの心地よさを感じました。

自分の体験を積極的にクリーニングすること

私もいまだにウニヒピリの声を聞かないふりをしたりして、結果大事になってしまうということがあります。だから、みなさんの体験していることもよくわかります。一つ言えることは、実際は考えているよりもシンプルだということです。もっと自然に起きていることですし、私たちがそれを無視しているかどうか、ただそれだけ、

「わからない」の前にクリーニングを実践しているかどうか、ただそれだけです。

私たちは呼吸ができるように、ウニヒピリをケアしたりすることは本来自然にできるはずのことです。学校生活の中で、立ちなさい、食べなさい、右に線を引きなさい、女の子は左の列、男の子は右の列、などいろんなことを指示される環境に長期的にいるわけですが、そこからすでに、私たちはいろんなことを周りのせいにしたり、周りに依存したりすることを学ぶようです。

ですから、今ウニヒピリとの関係にいま一つピンとこないとしたら、文化や受けてきた教育、習慣のようなものをぜひ積極的にクリーニングしてみてはいかがでしょうか。こうでなければならない、ということは本来何一つありません。「でも、でも！」と心の中に出てくるとしたら、クリーニングの本番です。ウニヒピリが抱えている記憶をお掃除するチャンス。そこからどんどん、本来のあなたが持っている生きる知恵、コツがまたリズムを持ち直しますよ。

自分に焦点を当て、自分の体験をクリーニングしたいだけなんです。すべては私の中の記憶ですから、どんどんお掃除していくしかないんです。

あるとき、こんなことがありました。私をコーディネートしてくれている平良べティーと京都の旅館に泊まったとき、用意されたスリッパが私の足のサイズに合わなくて裸足でいたら、おかみさんが血相を変えて出てきて、「ちゃんとスリッパを履いてください！」と怒鳴られるという体験がありました。で、ちょっと離れたところにいたベティーを見てみると、私と同じようにスリッパなんて履いていませんでした。でも、ニコニコと従業員さんとお話をしていました。怒られたのは私だけ。これって、思いきり私の中に記憶があるということですよね。子どもみたいに、「なんで、ベティーだって履いていないじゃない」と文句を言いたくなったけれど、ただクリーニングしていました（笑）。

私とウニヒピリの協力の仕方

そう、だから、すべて記憶なんです。ウニヒピリの声が聞こえないから、クリーニングできてないんじゃないか、と言う前にこんなふうに日々起きる自分の体験の中で100％クリーニングするという責任をとってみませんか？　そうしたら、ウニヒ

ピリの存在を考えることから、それが自分自身なんだという実感に変わるでしょう。

誰かが、私のウニヒピリがこう言った、というのを聞くと、そんなこと起きたことがない人は何か間違っているのでは？　と思う。そんなふうに比較している自分をまずクリーニングしましょう。

ウニヒピリはまるで、小さな子どものような存在、わかりやすくしゃべったりしません。感覚でしか表現できません。そこに向け、クリーニングをします。

ある人はこんなことを言っていました。「ウニヒピリに最適なアパートを探してきてとお願いしたんだけれど、戻ってこない」と。あなただったら、子どもに手放しでアパートを見つけてきてもらいますか？　私はそんなことはしません。私だったら、一緒にアパート探しを手伝ってもらいます。

大人で頭でっかちの私たちは、投資の視点で損か得かで判断したり、いろいろな条件でぱっぱと決めがちですが、そんなとき、この内なる子どもがなんとなく感覚で「ここは条件がいいけれど、なんかイヤ」「ここは条件的にパーフェクトではないけれど好き！」と理屈には合わないけれど、感覚を見せてくれます。そんなときがクリーニングのチャンスですし、それが後々の人生を大きく開かせてくれるきっかけだったりします。私とウニヒピリの協力の仕方はこんな感じです。

これは、あなただけの旅です。どんなに周りと比べようとしても、そこになんの意味も持ちません。同時に、今まで必ずいろいろなところで比べられたり、判断されてきた体験は誰でも持っていると思いますが、あなたとウニヒピリの関係だけは、誰からも比較されたり判断されたり、結論付けられるようなものではないのです。これはあなたがあなたと向き合い、出会う旅なのです。細かいことも大きなこともすべて、あなたとあなたのウニヒピリが自由に選択できます。美しいことばかりではないけれど、向き合っている限り、つまりクリーニングをしている限り、あなたはすでにあなたの人生を歩いている、そのことだけは忘れないようにしましょう。

私がクリーニングに行き詰まったとき、感情的になって原因はあいつだ！　悪いのは私じゃない！　と何も前に進まなくなったとき、私はこんなふうに突つくようにウニヒピリに話しかけます。

「ＯＫ！　わかったわ、だったらいつまでもこのことを永遠に悩み抜こうよ。悪いのはあいつだよね！　もっともっと苦しみ続けましょう！」

これを言い続けると、だいたい途中で、自分でおかしくなってきます。ああ、全部記憶だなと、拍子抜けしてくるのです。そんな少し気が抜けた状態でもう一度クリーニングを始めると、このプロセスの間いつも一緒にいてくれるウニヒピリが愛しくてたまらなくなってくるのです。

そして一刻も早くラクになってほしい、もっと楽しい明るいことを一緒にしたい！と自分の底がまた再度持ち上がってくる気がするのです。

あくまでも私とウニヒピリの対話の仕方ですが、頭でいろいろと考えすぎてしまうなと思っている方はぜひ一度この方法を試してみてください。「本当の私」が何を選択したがっているのか、よくわかる体験になるかもしれません。

どうかあなたの中にあるウニヒピリ、ウハネ、アウマクアという完璧な三位一体の存在を忘れないでください。その素晴らしさを生きてください。

素晴らしいクリーニングの機会をいつもありがとうございます。

――平和　KR

KRさんから届けられたこの本だけのクリーニングツール

レインボースター

これはキラキラときらめく虹色の星です。浮かんだり、回ったり、神聖なる知性からあなたに与えられるインスピレーションに基づいて、自由に動き回ることができるツールです。

「レインボースター」をイメージしたり、思ったり、唱えたりするだけでクリーニングすることができます。

想像してみてください。たとえばあなたは、このツールをどんなことに使いたいですか？

私だったら、これをイメージの中でピンにして、セーターにつけたり、帽子につけたり、フリスビーみたいにしてウニヒピリと一緒に遊びます。シールにして毎日乗る車や電車に貼るイメージでもいいでしょう。

思い出して。ウニヒピリは子どものような存在なのです。あなたと一緒にわくわくと自由にこのツールを使うことが鍵です。

日々のウニヒピリとのクリーニングで、ぜひ使ってみてください。

レインボースター
KR

構成&文：林 美穂
アートディレクション&デザイン：中島基文
写真&講師インタビュー文：平良アイリーン
表紙&巻頭イラスト：ウィスット・ポンニミット
本文イラスト：風間勇人
撮影(P76-111)：Aya Watada
編集：入江弘子

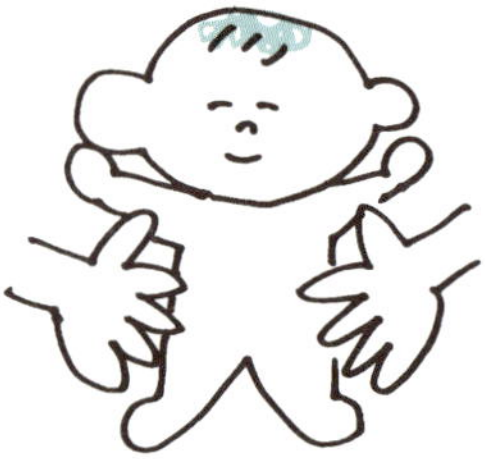

はじめてのウニヒピリ

2015年12月26日　第1刷発行

著　者　イハレアカラ・ヒューレン
　　　　カマイリ・ラファエロヴィッチ
発行人　蓮見清一
発行所　株式会社 宝島社
〒102-8388 東京都千代田区一番町25番地
電話 営業：03-3234-4621
　　 編集：03-3239-0069
http://tkj.jp
振替　00170-1-170829　(株)宝島社
印刷・製本　サンケイ総合印刷株式会社

Printed in Japan
ISBN 978-4-8002-4904-3

イハレアカラ・ヒューレン

発展的な精神医学の研究家であり、トレーナー。触法精神障害者および発達障害者とその家族とのワークでも知られる。国連、ユネスコをはじめ、世界平和協議会、ハワイ教育者協会など、さまざまな学会グループと共に何年にもわたりホ・オポノポノを講演し、普及活動を行っている。

カマイリ・ラファエロヴィッチ(KR)

SITHホ・オポノポノ代表。ボディワーカー。SITHホ・オポノポノの創始者、故モーナ女史の一番弟子。40年以上クリーニングを続けている。MBA(経営学修士号)やMAT(マッサージセラピストライセンス)の資格をもつ。ハワイでは不動産業を営み、さらにホ・オポノポノを使った個人や経営者のコンサルタンティング、ボディワーク、日本においてはホ・オポノポノの講演活動を全国で行っている。

ホ・オポノポノに関するお問い合わせ先

SITHホ・オポノポノ アジア事務局
〒106-0032
東京都港区六本木5-10-29 1F
TEL.03-5413-4222
HP:
http://hooponopono-asia.org/
Facebook:
https://www.facebook.com/sithhooponopono.japan